刚毅坚卓未央歌
——西南联大精神漫笔集

龙美光 ◎ 编

民国书刊上的西南联大记忆

云南出版集团
云南人民出版社

图书在版编目（CIP）数据

刚毅坚卓未央歌：西南联大精神漫笔集／龙美光编．－－昆明：云南人民出版社，2018.12
（民国书刊上的西南联大记忆）
ISBN 978-7-222-17706-2

Ⅰ．①刚… Ⅱ．①龙… Ⅲ．①西南联合大学－纪念文集 Ⅳ．① G649.287.41-53

中国版本图书馆 CIP 数据核字（2018）第 262439 号

出 版 人　赵石定
责任编辑　闵艳平
装帧设计　马　滨
责任校对　董郎文清
责任印制　李寒东

刚毅坚卓未央歌——西南联大精神漫笔集
龙美光　编

出　　版　云南出版集团　云南人民出版社
发　　行　云南人民出版社
社　　址　昆明市环城西路609号
邮　　编　650034
网　　址　www.ynpph.com.cn
E-mail　　ynrms@sina.com
开　　本　889mm×1194mm　1/32
印　　张　8.375
字　　数　220千
版　　次　2018年12月第1版第1次印刷
印　　刷　昆明理煜印务有限公司
书　　号　ISBN 978-7-222-17706-2
定　　价　46.00元

云南人民出版社公众微信号

如需购买图书、反馈意见，请与我社联系
总编室：0871-64109126　发行部：0871-64108507
审校部：0871-64164626　印制部：0871-64191534

版权所有　侵权必究　印装差错　负责调换

编者絮语

龙美光

编完"民国书刊上的西南联大记忆"文丛,长长地舒了一口气。这是十五六年来我搜集西南联大文献资料的阶段性成果。

"北清南合,联大花开。"在中华民族八年全民抗战的征途中,联大已成为文化抗战的璀璨星辰。土坯墙的茅草屋内和铁皮顶下,联大人精研学术,读书救国,空前绝后的艰苦环境并未磨灭他们的心志,反而使他们越发奋起,并加速了各项伟大成就的开创。他们说:"只要读书救国好,哪妨菜坏吃不了?"在抗战号角声中,她的诞生与成长,就是如火如荼的全民抗战伟业的生动反映。

美国学者易社强指出,联大的遗产是属于中国的,也是属于全人类的。近年来,美国、日本等国均相继出版了研究专著。在国内,联大也越来越被各界所认同所钦慕,各类文著层出不穷。

不过,需要正视的是,联大的研究更有赖于文献资料的支撑。自联大于长沙肇始以降,已出版的联大时期文献仅有1939年出版的《西南三千五百里》(日记集)、1946年出版的《西南采风录》(歌谣集)、1946年出版的《联大八年》(征文集)、1998年出版的《国立西南联合大学史料》六卷本(档案集),以及2018年出版的《郑天挺西南联大日记》(日记集)等,其他已问世的多为数十年后的回忆与研究。上列诸书,仅有印制恶劣的《联大八年》是联大时期回忆文集,我十几年前得到该书时,就急切地想要为其编一套姊妹书,收录其时在书、报、刊发表过而后未曾在联大专书中露面的一些文字，使人们更深层次地了解联大。随着资料搜集进程的推进，这一梦想如今终于变为现实。

这套文丛中的文字，都是在抗战艰苦异常的环境下联大师生和社会各界人士的真实见闻和真情感知。文丛的近400篇文章，全部采自民国时期付印的数百种书、报、刊，作者群星灿烂，角度各异，内容繁杂，涉及面广，最大限度地忠实保存了联大本真状态，将使所有关注、热爱联大的读者对联大的研究和认识更深入透彻，有助于人们走近走进、研究探讨和学习实践联大文化，更好地弘扬中华优秀传统文化，继承中华文化精髓。

较《联大八年》而言，本文丛收录的文章时间跨度更大，涉及面更广，视角更全面，现场感更强，可读性更佳。文丛体裁多样，以回忆录、信件、日记、评论、报告文学、新闻通讯、诗词等，从不同侧面、不同角度彰显揭示了联大的办学历程和办学精神。编者将这些生动反映联大的文字，依其内容，大略别为九册。其中：

——抗战烽火，学府西迁。《八千里路云和月——长沙临时大学播迁记》载录了全面抗战爆发后，长沙临时大学建校的历程，及其后长沙临大辗转迁徙昆明改称西南联大的历史记忆，翻启联大不可磨灭的史册开篇。

——笳吹不绝，弦歌不辍。《笳吹弦诵在山城——西南联大学术风景线》呈现了联大身处边城，在艰难困苦中坚持学术，弘扬文化，形成联大学府异常活跃的学术风景线。

——爱国阵地，青运先锋。《我以我血荐轩辕——西南联大爱国运动纪》透过团体活动看联大，从不同侧面展示联大的壁报、社团等活动，是联大爱国运动的缩影。

——九州遍洒，黎元热血。《一寸山河一寸血——西南联大抗战救亡曲》反映了联大师生在烽火警报声中，心系家国存亡，积极投身抗日洪流，以投笔从戎等多种形式，谱写的慷慨激昂可歌可泣的抗战救亡曲。

——身处西南，动心忍性。《布东考古布西算——西南联大师生众生相》再现了联大师生克服居无定所、物价暴涨、空袭频仍等穷窘考验,直面生活,致力学术的不屈不挠精神。

——绝徼移栽,问学树人。《绝徼移栽桢干质——西南联大问学拉杂谭》实录了联大作为我国最高学府的联合体,移驻云岭,以学术救国的时代担当,顶天立地,攻坚克难,成为社会文化引领者的风貌。

——导扬文化,壮怀难折。《南渡流难寄山河——西南联大服务边疆志》记叙了联大师生立足云南,脚踏红土,心系山河,深入西部进行社会、人文、自然考察,投身边疆开发的情形。

——中兴大业,更须人杰。《五色交辉聚人杰——西南联大人物风采录》彰显了联大以"大学者,有大师之谓"的恢宏气魄,展现了一代名流巨擘的英才风采谱。

——斯文一脉,如山如海。《刚毅坚卓未央歌——西南联大精神漫笔集》颂赞了联大以三校"不同之历史,各异之学风,八年之久,合作无间,同无妨异,异不害同,五色交辉,相得益彰"的办学气质所铸就"刚毅坚卓"的风骨。

以上九册,虽各有侧重,然而又相互联结渗透,相互渲染补遗,美美相成。无疑,这是一部雄浑壮丽的西南联大纸上纪录片。

为使读者更真切地进入当年的语言环境和文化环境,除了对明显的错讹进行修订外,编者尽可能尊重原文风貌,一律不作改动。例如"那"(哪)、"底"(的)、"化"(花)之类民国时期遣词用字,以至其标点符号,便一仍其旧。

囿于时代局限,有些文章存在对少数民族的蔑称(如"夷人""罗罗""倮倮""苗子"等),以及对少数民族风俗习惯的误读讹传(如知识落后、手段野蛮等),但这也是当时社会历史的真实写照,为了有助于民族史社会史研究者,多未作更动。文丛也容纳对联大的各种批评甚而误解,这些不同的声音,恰恰反映了联大包容万象的一面。

有人说抗战时期最有效率的两个机构，一是西南联大，一是速记学校。而这套文丛的编辑却历经七年才告完成，相较联大真是效率颇低，甚感惭愧。文丛编辑之初我新婚的妻子刘仁芳参与录入大量文字，时小儿龙景湘正于母腹中孕育，如今孩子已在迈向小学新生的路上，九本小书才呱呱坠地。文丛编竣付梓，似乎自己也置身联大之中，与师生们一起在警报声中抢时间、抢洗脸水、抢饭菜、抢书籍、抢座位、抢听讲演、抢出壁报、抢泡茶馆，与他们一起创造无与伦比的西南联大故事。

文丛的编辑出版，得到了云南师范大学和云南人民出版社的鼎力支持。成书过程中，西南联大研究专家，有关方面的师友、同事、学生，以及云南大学秦树才教授团队助力编校工作，使得此书能够顺利付梓。谨此一并致谢！

文丛自2011年启动编辑工作起，即通过微博等多种方式查找书中作者的联系方式，但至今为止，有关的信息反馈寥寥。在此特别拜托文丛的有关作者及其亲属与编者联系。

当然，有关西南联大的战时文字不止这九册的规模。不算西南联大师生在战时撰写的著作、文论、报告等等，单就讲述西南联大故事的文字而言，笔者手中尚有十数万字未及整理，其后或有增补或续编，敬请读者诸君期待。由于编者水平所限，加之许多民国文献印刷模糊难辨，缺点错误在所难免，祈望学界同仁和广大读者不吝赐教！

二〇一二年七月，写于昆北盘龙江畔
二〇一六年六月，改于西南联大旧址
二〇一八年十一月，定稿于云南师大呈贡校区

目 录

编者絮语　龙美光

谨献给联合大学　《云南日报》社论 // 001
今日的西南联大　文　中 // 005
流亡中的中国大学　顽青 译 // 021
联大来雁　静　文 // 024
昆明联大通讯　大　雄 // 029
从事教育者应有之新观念
（三月廿四日在本院公民训育系讲辞）　张伯苓 // 035
致香港清华同学　梅贻琦 // 040
西南来鸿　华　上 // 042
五四历史座谈　闻一多 // 047
八年的回忆与感想　闻一多谈话　际戡笔记 // 050
《联大青年》发刊辞　联大青年社 // 056
《联大投考指南》序　联大航空系一九四三级级会 // 058
联大二事　可 // 060
联大花开　佚名 // 061

联大之谜　郭平凡 // 063
我们骄傲是西南联大的学生　联大昆明校友会 // 067
八年来的联大　吴　纪 // 075
战时高等教育的纪念碑　张生力 // 087
珍重，联大！——记一个八年合作的奇迹　田　堃 // 094
惜别联大　康　纳 // 097
惜别联大　云南日报社论 // 103
胡适双十话北大　佚　名 // 106
联大八年　李　凌 // 112
西南联合大学成立四周年纪念纪实　昆明航讯 // 133
国立西南联合大学六周年纪念感言——谈联大的精神　陈序经 // 139
联大精神　吴　晗 // 144
校庆献辞　吴　晗 // 149
歌颂吧，联大 // 刘时平 // 152
梅贻琦、黄子坚、胡适谈联大校庆　刘时平 // 156
记联大九周年校庆纪念诗歌朗诵会　戈　翼 // 161
招魂与永生——记西南联大九周年校庆　郭　根 // 166
西南联大成立九周年三校师生集会纪念　佚　名 // 171
西南联合大学九周年校庆祝辞　朱自清 // 173
祝联大校庆　佚　名 // 174
联大校庆小感　佚　名 // 176
合作精神——祝西南联合大学校庆　《益世报》社论 // 178
怀联大　清华一同学 // 182

西南联大在北平　贞 // 184

祝联大永生　莫 姑 // 186

西南联大的精神　冯友兰 // 188

联大进行曲　// 191

公送国立西南联合大学北归复校序　白之瀚 // 193

西南联大时代转入新页　本刊特辑 // 196

联大完成历史使命　八年合作意义深长　丁 // 202

北大、清华与南开　一　殊 // 206

光与热　叶方恬 // 209

昆明青年的没落与生长　高　山 // 215

西南联合大学的透视
——是一部未完成的史诗，也是一部将完成的史诗　司徒文宾 // 219

西南联大近记　维　夫 // 223

抗战中的西南联大　李白雁 // 227

西南联大群相　沈　石 // 232

祝　词　西南联大南京校友会 // 242

纪念日话联大回忆当年　蒋梦麟 // 244

校庆感言　浦薛凤 // 247

西南联大十周年纪念辞　陈雪屏 // 249

我怀念母校　陈刘笃 // 251

西南联大颂　郑　敏 // 253

// 谨献给联合大学

《云南日报》社论

联合大学，是北大、清华、南开三校合并而成；在中国的文化上，在中国民族的解放史上，都有着光荣伟大的贡献。从五四运动直至卢沟桥事件发生，在每一次国内的救亡运动中，他们始终是很英勇的站在全国民众、全国学生的最前线。就在抗战发动以后，全国民众以及学生界的救亡浪潮空前高涨中，他们仍始终保持着自己的岗位，丝毫没有退缩、落后，表现出他们为国家民族而向敌人拼斗的英勇迈进的精神。

现在，由于整个华北沦为战区，由于一切学校的全被敌人盘据或炸毁，给他们不单是失学，而且大半已是无家可归；但他们的意志，并不因此而颓颓，他们的勇气，并不因此而消失！相反地，因客观情势的紧逼，使他们的行动，更加积极起来。不管是前方后方，他们的影响和力量，仍到处在不断的散播。这次他们由长沙迁到云南，步行三千余里，经过多少风尘跋涉的艰苦，那种刻苦耐劳坚决安定的神色，在仍在给人以亲切之感。

据他们自己说，一从抗战发动后，有大部分的同学已经参加军队作战，或在沦陷了的战区内发动民众，积极的做着组织游击队的工作，剩下的一部分人才老远远的跑到这点来！对于已经实际参加前线作战的这一部分联大同学，他们英勇的行动，我们非常钦佩。但替目前云南后方的文化及抗敌工作着想，对于联大这一部分"不远千里而来"云南的同学，因其对后方文化所负责任的重大，我们对他们尤其感觉到莫名的欢迎和敬爱。

现在，谨将几点意见，贡献于联大各同学之前：

一，云南自抗战以后，因地理上的关系，变成抗战后方的重要根据地，外来的金融机关、文化机关，以及其他各种各样的生产事业或非生产事业，都渐渐地向云南集中。在增加云南社会以及市场的繁荣上，这是一种很好的现象。不过，从云南的本身方面说，做一个抗战的后方根据地，是还有很多条件没有具备的。单就生产方面来说，还不能足够应付前方的需要，故资源开发与生产建设，是目前云南最前提的工作之一。本省当局，曾表示欢迎国人到云南投资，但事实上，投资者尚属很少。其原因即由于一般人对云南资源蕴藏的实际情形，并不深切明了。滇人虽较熟习，然多不能以科学的方法去开发，去考察。联合大学的农林理工等学系来到云南，我们希望他们能将所学很切实的活用起来，把教学做合而为一，多多从事实际的工作，实际的考察，使他们自己，在目前云南的资源开发与生产建设上，能变为一批很坚实的生力军，使云南的生产建设与资源开发，足以支持应付前方抗战的需要，成为一个名实相符的抗战后方的根据地。而且事实上，联大的理工农林等学系来到云南，有许多研究上必要的器材，不能完全搬来，而云南亦复缺乏，不足以供给他们的需要，这对于他们的研究，当然要发生极大困难。关于这，我们很希望他们能活用所学，多从实际着眼，我们谨以云南无尽的蕴藏，供献给他们作为研究实验的对象。

二，联合大学，在过去，不论治学精神以及文化运动中的表现，都值得我们敬佩、效学。此次他们到滇，我们希望能把他们过去治学精神以及在历次文化运动中的表现，同样的带到云南来；给云南的学生群众，有所观摩，有所效学。继续"五四"的奋斗精神，使抗战期间的新文化运动，迅速开展到一个新的阶段，使沉寂荒芜的云南文化界，也显出一点活跃的空气，直接间接地对于目前的抗战，能有一种事实上的贡献！

三，抗战以后，一部分省外人士来到云南，多抱着一种逃难心理，使云南社会，有形无形的受到一种反常的影响。联合大学，是全国有数的几个学府合并而成，他能领袖全伦是无庸赘言的，我们希望他们能更进一步的昭示其他的文化同人，认识他们的来到云南，是为支持政府抗战，是要在敌人炮火轰炸的射程以外，尽可能的做一点文化的萌芽或发展工作，而与一般人的逃难不同：生活应更俭朴，工作应更勤苦！这是联大同学早已力行无间的，然我们更希望以此楷模，进一步的感召其他文化同人、青年学子。我们须体念政府在此财政支绌期间，还拨出大批的经费，来培植这前途无限的青年。甚望不拘在学问上以及其他一切工作行动上，都应不负政府培植人才一番苦心。

选自《云南日报》一九三八年五月十一日第二版

// 今日的西南联大

文　中

在抗战中成长起来的西南联大,已为国内关心的人士所深切的注意着,究竟在这个伟大的时代中成长起来的西南联大,它目前具有一种如何的姿态,它本身上包含着一种怎样的内容,这或者为关心的人士所要知悉。本文的目的便是想在这方面,以一个生活两年于斯的学生的资格,来作一个综括的报告,以供关心人士的参考。

回味着过去

今日的西南联大是由北大、清华、南开,三个大学组合而成的。今日西南联大的学生,包括了北大、清华、南开三校的旧学生,和联大后招的新学生。他们总括起来都是联大的学生,联大后招的新学生因为没有在抗战前入过这三个大学,所以他们没有甚么回味，他们的回味也许只是他们自己的母校。然而三校的旧学生却每个人都有着他们过去的回味，过去的留恋和过去的向往，而这种回味、留恋、向往都是非常不同的，并且是各自有各自的内容的。

北大的学生念念不忘于沙滩汉花园的红楼，更忘不了那古色古香的马神庙二院，同时也忘不了每次开大会屡作会场的译学馆。他们追忆着北大过去的光荣。二十世纪四十年代是中国社会与文化大转向的时代，然而这个转向时代的推动者不能不归功于北大。五四时代的北大，它几乎作了蕴育新文化、新思想、新文学的保姆；同时它也作了反对帝国主义、反对封建势力的先锋。它替中国近二十年来的中国文化事业开辟了一条道路，同时也替中国社会想出了一条改进的方向。北大首先树立了自由研究学术的风气，同时也以布衣讲学、布衣受教的精神为天下唱。它有国内最充实的图书馆（北平国立图书馆除外），馆内有任何地方所没有的孤本珍本。它有深厚的学术气息，它有国内最知名的学者教授。这一切一切，都是他们最向往的，最留恋的。然而而今安在？

清华园的近代式的富丽堂皇的建筑，优良的环境，醉人的雪、月、风、花，常是清华同学回味的材料。近些年来，中国科学事业的猛晋，科学精神的培养，我们不能不归功于清华。它有良好的设备。它造就了最优秀的人才，他们都有献身推进中国科学事业的萌生和成长的精神。那适合于努力这些事业的环境，他们是死了也忘不掉的。装有最近代的设备的科学馆、天文台，以及那包罗万有的生物楼，如今全作了敌人的马厩——兴念及此，怎不令人激愤！

八里台耸立着的高楼，是南开同学的工作休憩之地。那里曾远播着青年的弦歌之声，那里曾跳动着青年活跃的心情；半家庭半学校的融融之乐，造成了南开独特的精神和独特的校风。它每年造出大批的青年到社会去，用他们朝气焕发的精神，去改变中国死沉沉的风气。同时它那惨淡经营的经济研究所，对中国近几年来的建设事业，正提供了无限的宝贵的材料。然而，不幸的，是全毁在敌人的炮火之下了！

所有的这过去的一切，不是假想，不是烟云，而是确曾存在过的真实。到今天，他们流浪在天涯，虽然交通的便利缩短了地理上的距离，但是在古时传说中，发配的人才有资格来的地方，他们居然来了。登在昆明城，眼望塞北的烟云，怎不使他们怀了满肚的沧桑？而回味着过去，留恋着过去，向往着过去呢？

合起来的大学

七七事变以后，平津大学相继南迁。是年十月北大、清华、南开三大学开学长沙，定名临时大学。因敌人的不断的空袭，以及前方战事的吃紧，使他们不得不离开了富有诗史意味的衡山湘水和耐人寻味的韭菜园，而组织湘黔滇徒步旅行团，自二月从长沙动身，步行三千里，遍历名山大川，于四月底安抵昆明，改名西南联大。后因昆明的住址不敷分配，乃又将文法学院迁蒙自，理工学院留昆明。直到二十七年夏，才将文理法工齐集昆明，形成了今日全国的唯一人数众多的大学（三千余学生）。

关于临时大学辗转播迁的情形，以及他们每个人心中的激情，我们可以从他们校歌中看出来：

万里长征，辞却了五朝宫阙，
暂驻足衡山湘水，
又成别离，绝徼移栽桢干质，
九州遍洒黎元血，
尽笳吹弦诵在山城，情弥切！

千秋耻，终当雪！
中兴业，须人杰。
便一成三户，壮怀难折。
多难殷忧新国运，动心忍性希前哲。
待驱除仇寇复神京，
还燕碣。

这首校歌不但说明了他们辗转播迁的情形，同时它更刺激他们每个人的感情，使他们回味着过去，想往着将来；无形之中，这一支歌子成了他们埋头苦干的动力。

北、清、南三校过去都有他们不可磨灭的成绩。他们的发展都是在同样的水平之上的，因之联合起来以后，在同学方面课业的进行上，丝毫没有甚么问题。同时又因为都是远地播迁，天涯流浪，他们正有着同样的情绪，因之也如同手足一样，彼此之间是丝毫没有你乖我离的。在学校的行政方面，因为这样一个大的改变，当然人事上免不了小有摩擦，可是这种摩擦早随着三位校委的坚实合作而归于消灭。记得在今年四月间张伯苓校委自重庆来昆明时，曾经在一个全体大会上说："梦麟（蒋校委）是我的最好的朋友，贻琦（梅校委）是南开第一班毕业的学生，在我们三人之间，不合作实在是没有存在的可能；我要引用梦麟对我说过的一句话，就是'能合也得合，不能合也得合'。"截至目前止，抗战以后，所有联合起来的大学，其情形最好的，要算西南联大。这一点是很可以使联大的师生告慰于国人的。

　　联合大学，顾名思义，便知是联合在一起的大学，而不是合并在一起的大学。蒋校委时常对同学说："我们现在只是联合，而不是合并，我们希望将来能分开，每个学校都搬回北方去。"因为三校是联合，不是合并，因而在行政上，三校却维持着一个均势的局面。譬如：学校的最高行政机关是三常委会，三常委会以下有教授会，而教授会是决定机关，常委会是执行机关。所以学校的欲取欲与，均决定于教授会。教授会是由全体教授中推选出来的教授组成的，因而这里面便根本包含着一种均势的意义。此外如院长及系主任的委任，虽然学问资望是一个重要因素，然而均势的意义也仍然存在着。例如教务长是樊逵羽（北大），秘书长是杨振声（北大），文学院长冯友兰(清华),法学院长陈序经(南开)等。这种分配,不能不说它是均势的说明。

抗战前北大与清华,每年的经费,大概是一校一百多万,但自抗战以来,政府因战时财政的支绌,三校的经费不得不节俭。大概目前三校的总经费,只等于战前的一校,所以联大在各方面都有挖东补西,捉襟见肘之势,而一切不复如过去的充裕!

生活的种种

在抗战中,中国大学生的生活,其困苦艰难的情形,实不易为一般西方人士所理解——他们认为西北学生的住地窖,西南学生的用汽油箱作床铺,作书桌,都是神话,都是奇迹,好像是在人世间很难找到的事。然而这些近似神话,近似奇迹,近似不可能的事,中国在抗战期中的大学生却安之若素了。西南联大是一个容有三千多个学生的大学,它里面的生活一定是形形色色,至为不一,笔者拟就衣、食、住方面,加以概括的叙述,然后再就笔者所知的日常琐碎,加以淡写轻描,望能将联大的真实的面目,画一个简括的轮廓,以提供读者的面前。

A. 简陋的衣食住

就衣的方面来看,联大同学现在有海派和京派之分。所谓海派者,大概都是战事开始后,来自沿江各省,尤以上海和广州为最，他们日常的生活，大多是豪华。穿的衣服也极漂亮，走起路来，另有一股洋人的神韵，并且吹着口哨，又像国产影片里面的明星。所谓京派者，大概都是七七事变后，从平津流亡出来的青年，因为万里流离，辗转播迁，使他们不能再有豪华与阔绰的可能，同时他们觉得寄迹他乡，桑梓正受蹂躏，父母姊妹不知流落何方，抚今追昔，实在也没有从事修饰的心情。京派学生的衣着多半褴褛，生活也极简单，终年只是把一件长衫，一身制服，轮流上台下野的人很多。也有补绽满身的人，但这究是少数，上面这种说法，也只能说他是"虽不中，不远矣"的说法。当然海派的学生中穿长衫制服的也有，但如按统计学上的大量观察法而定，则前面的说法实在不能说它是错。

在食的方面，联大的大部分同学，都是相当的苦。因目前昆明的物价，较全国任何地方都高，因而每一个单位的货币购买力，便变成相当的小。不过稍可慰藉于心的，是地方当局对青年学生特致爱宠之意，允许他们购买公米，因而目前他们还能维持十五元一月的伙食。这个数目的伙食，在昆明再找不出第二家（一般的苦力，还得三十元一月），不过他们吃食之坏，也就可想而知了。伙食太坏，有钱的同学，固可在外面小馆用每月四十几元的高价包伙；穷苦的同学只好食斯，饮斯，而不能另想办法。因为这个缘故，校医室每天充满了病人，而且每十个病人中，总有五个是患营养不良症的。校医给点养血药，拿回去每当饭后则喝点，喝点，这样好像既治病，又治饿。因为伙食坏，但无力出外包伙，又不忍坐令肚皮不饱者，则只有另外加菜之一途。另外加菜者，乃是同桌六人，每人出钱一两毛合购一菜，以为下饭之物之谓。

对联大同学，最成问题的问题，要算是住的问题。目前联大在昆明共有四五个校舍，四五个宿舍。工学院在昆明的拓东路，以一个会馆的旧址做了他们的校舍宿舍。文法学院在昆明大西门外，租了昆华师范、昆华中学、昆华工业学校等三校的旧址做为校舍宿舍。此外，理学院及一年级新同学，则居住在联大建起的新校舍里面。这种化整为零，只分散不集中的阵势，也许正是一种新的战术！最近因为各校都要回来，联大的房子也根本成了问题。新造，当然不为财力所许；另租，又是势所不能；现在联大当局正为这个问题苦恼着。在过去，因为房子太大，住人太多，灯光太小，桌子太少，使好多人忍受不住，便在学校附近，租一间房子住下，既可方便，又可用功，诚一举而两得之事；但此又非一般寒酸同学所能办，因而拼命往图书馆抢座之事，确已形成了联大一件最有趣的事。

B. 拥挤的图书馆

"联大精神表现在图书馆"，这是外人赞美联大同学的一句话。同时也是联大同学自觉无愧于心的一句话，联大图书馆是一座新建起来的道地云南式的大建筑，里面是可容二千人，但因联大同学共有三千多人，所以仍不足分配。每到傍晚快上自习之前，门前便挤满了黑压压的人群，擦拳摩掌，预备向里面一冲，以占得一个容身之地。有时女同学和男同学会因为抢地方而发生口角，或是因为男同学替女同学占地方，和另一个男同学发生争执，这类的事直是屡见不鲜，颇可耐人寻味。联大的图书馆藏书虽不甚多，但普通用本，也算是应有尽有。就杂志来讲，中西文合起来，共有七八百种，这在战时，总可算稍慰于心了。现在在昆明的史料编辑会及北平图书馆，都允许联大同学如研究特殊问题，感到书籍缺乏时，可以到那里去借。这对联大同学的研究方面，不能不说是一个很大的便利。

C. 泡茶馆

"泡茶馆"是联大同学一种独有的作风。因为宿舍拥挤，图书馆不足容众人居，从权之道，便是向学校附近的茶馆一坐——三两知己，一壶清茶，即可整理校课，又可把盏话旧，真是一举而数得的办法。本来"泡茶馆"是昆明当地人的特殊习惯，不论白天夜晚，茶馆中总是坐满了下层阶级的人，一面吸烟，一面品茶。有时茶馆中还有美丽的卖唱姑娘，清歌一曲，品茶者当然心旷神怡。每位茶资一角，另外再无开销，故极经济，极方便。自联大同学也泡茶馆以后，茶馆生意颇形不妙，因联大同学既不听姑娘的卖唱，又不吸茶馆土产的水烟，且一坐便到半夜，因而茶馆生意逐渐不好，老板为前途计，乃对联大同学增加茶资一角，以为其他方面损失的补偿。迄目前止，每于晚七时以后，大西门外凤翥街一带之茶馆，已再不见当地下层阶级的民众，而所看到的是联大的男女同学，所听到的是联大男女同学的弦诵之声，而不是美丽的卖唱姑娘的清曲。

D. 活跃的团体

如果我们不太健忘,而仍然记得这三大学在平津是怎样的活跃的话,那么,我们对今日联大的各种团体之多,以及各团体之活跃那是全然不必惊异的。这三个大学,不但在中国学术界曾大露头角,就是在中国的政治活动上,也曾起过先导作用。所以今日联大各种团体的活动,这只是三校过去的光荣的传统。一般来讲,今日联大的各种团体,以研究学术为结合的原因的居多,纯政治的团体也有,如三民主义青年团的支部是,此外又有合唱团、新剧团、国剧团、青年基督教团契等。学术团体最多,包有群社、微言社、明社、腊月社及学风社、高原社等。各社的旨趣及其内容,兹就笔者所知,约略叙述于下:

群社是一个纯青年团体,它没有鲜明的政治立场,如其有的话,那便是,拥护团结到底、坚持抗战到底。这个团体极活跃,其活跃的方向,不外是在努力救亡,他们的社员多半有点向前看的情绪。他们曾募过寒衣,他们曾发动过捐款运动,他们曾努力改进同学的日常生活。在群社的组织下,有群社读书会,群社歌咏团。前者常进行集体读书的工作及请人讲演,后者则请名家歌唱及社员的练习合唱。他们此外还时常举行远足旅行,及郊外爬山等。

微言社、明社,是史学系同学发起的组织,他们的社员多半是有史学的素养的人,因而他们对于一般的问题也有其特殊的看法。微言社、明社,没有表现过团体行动,也没有表现过什么工作。他们有两种机关报，其内容后面再讲。

腊月社是一个在联大历史最久的社。联大到昆明后，一般同学感到空气的沉闷，于是他们发起组织时事研究会，以便讨论讨论一般的时事问题；当时他们曾出一个壁报，那便是一直到今日还存在的《腊月》壁报。以后，因为时间的前进，时事研究会无形取消，而所剩的只是一个《腊月》壁报；于是又有许多人，单单把精力放在这个壁报上。到今天，它不但从时事研究会中独立出来，同时又成了一个很有力量的腊月社。腊月社专门研究国内国外的时事问题，他们的机关报便是《腊月》，其所讨论的问题，也常为同学所称道。

学风社是由几个意趣相投的朋友组起来的，它没有半分的政治意味。他们常标榜民主，常标榜自由，对于学校内的黑暗曾痛加攻击，对于同学间思想的斗争也曾有所论列。他们的立场是绝对中立的。

高原社是由喜爱文学的、喜爱写作的同学组成的。他们的顾问和指导有杨振声和沈从文。他们的社员中有不少是今日文坛上的后进者。香港《大公报》"文艺"栏和《中央日报》的"平明"，时常有他们的作品。联大内的《高原》壁报，是他们发泄诗人雅兴、文人意趣的园地。

此外的国剧团、新剧团等也十分活跃。新剧团内又有联大剧团、青年剧团之分，前者是联大同学的组织，后者是三民主义青年团的组织。联大剧团曾公演过数次，成绩都很可观。

以上所说的团社之中，以三民主义青年团及群社为最活跃，前者不但在政治活动上有所努力，就是普通的消费合作社及理发馆也都注意及之。后者则因为有读书会及歌唱团，所以每天也显着很忙。总之，联大各种团体的众多及各种团体的活动，或者为一般人所想象不到；然而在联大，却是每天都在滋生着，成长着，活动着。

E. 蓬勃的思想界

关于联大的思想界，如果我们用环境决定论来分析它，这是不够的。因为今日联大同学的思想，不是完全为今日中国思想界所反映所决定的。如果我们对联大同学的思想，以其完全为发自主观意念的假定来推论它，这也是不够的。因为它究竟不能和社会绝缘，而脱离了外界给它的影响。简单一句话，联大的思想界是极其活泼、极其纷杂的，有的是不自主的，有的是能独立的。这种情形是有它的物质原因的。因为联大图书馆有较为丰富的藏书，同学可任意取舍抉择；联大教室内有学识渊博的教授，同学可与之随意攀谈；联大校内有极穷极富的同学，校内外有真实的社会，可以供他们咀嚼玩味，而刺激他们的情绪，形成他们的思想，因而他们的思想遂至为纷杂、至为不一的。不过这种纷杂，这种不一，只是对个人的哲学观点和对社会进化的路程的观点而言；至如说到拥护团结，坚持抗战，则是没有丝毫不一、没有丝毫纷杂的。

联大的思想究竟如何，我们只有把前面所说的那些"社"的机关报拿来加以剖析。虽然联大的思想未必尽萃于斯，但如把他们加以分析，毕竟可以说是"虽不中不远矣"的。

群社的机关报是《群声》。腊月社的机关报是《腊月》，这两种壁报有的人认为带有"左倾"的色彩。他们的主张、意见，时常和微言社、明社等对立。后者的机关报是《微言》，他们之间最大的分裂，是在苏联对波兰出兵的时候，那时候《群声》、《腊月》，全认为苏联出兵波兰是为抵抗德国东进之兵以自保，而《微言》则认为这是汉奸论调，是为大大不对，呼吁同学共加申讨。此外，《腊月》、《群声》都主张中国要立宪，中国要民主，而《微言》则主张中国要开明专制，并且大骂各敌各派。三民主义青年团的壁报是《青年》，立言尚称公允。各壁报有时因一个很小的问题，便你进攻我抵抗，你埋伏我搜索，闹个不可开交。结果，一问题未完，一问题又起，有时意见甚为精彩，有时便全是感情用事。学校当局，见到此点，曾明令各壁报进行登记，但登记之后，其笔战之烈，不亚于先前。联大当局，对同学的思想之战，毫不加干涉，毫不加限制，因为青年都富于热情，都富于理想，其爱真理，爱自由的要求，比任何人都强，如果因为多加辩论，而知何者为好，何者为坏，则这正是一种最好的教育。且联大同学所屡次辩驳者，乃是个人对未来建国的技术方面的态度问题，而对整个三民主义为建国目标一点则丝毫没有问题。所争执者，是如何努力才有利于抗战建国，而不是分散力量，歪曲事实。

总之联大同学的思想是在这个伟大的时代中培养起来，成长起来的。他们知道民族的苦难方长，他们个人应尽的力量也正大。他们埋头书室，苦心钻研。他们清理着祖先遗留下来的学术遗产；他们更想针对着现实，给中国将来的文化事业打开一条出路；他们更研究着现实社会，从现实社会中去寻求解决中国各种问题的方法。所以他们的思想不是虚渺的，不是踏空的，而是有着实际的内容和物质的基础的。在抗战建国的氛围中成长起来的联大同学的思想，是坚实，是健壮，一扫五四时代的多破坏少建设的作风，寻求着多建设，少破坏的方向。

联大的人物

关于联大的人物，我只想写几位平常为国人所熟知的教授，他们的生活近况或者为读者所不悉，特在此地作一报告。

冯友兰先生：冯先生是《中国哲学史》的著者，也是中国近年的思想家。抗战以来，曾发表了他的《新理学》、《新事论》及《新世训》等。近来宽袍大袖，道貌岸然，胡须甚长。每日拿一八卦黄书包，来往于文林街上；一面走，一面想，也许正在计划写另一本书。

陈寅恪先生：陈先生是隋唐史的权威，年前，美国哈佛大学要请他讲学，但因尊体不适，难受风霜，不曾去。现在每天是瓜皮小帽，白日讲学，晚上回家，意趣亦颇自得。

曾昭抡先生：曾先生是国防化学专家，并且是前进青年的导师。每天总穿着一件扣子不全的长衫，登着一双已露脚跟的破鞋，一面自走，一面自笑；而且口中不住念念有词，好像对人谈话一样。前几天北大开欢送毕业同学大会时，曾先生说：

"不只要立大志,作大事,还要有最低限度的立场。如立场不正,则大志大事反而有害,譬如汪精卫,周佛海。"

罗文幹先生:罗先生目前是在野的名流,也是一位知名的罗马法学者。他在仕宦之余,又来教书,也颇受同学们的欢迎。他时常公开讲演,多半是关于中国立宪的问题。

孟昭瑛先生:孟先生是位新回国的青年教授,他在美国时曾发明微空管,很受美国科学界人士的景仰。他现在联大任研究教授,每天埋头于物理研究所,作他的研究工作。不爱花钱,喜穿土布袜子,主张用劳作的方式代替球类运动。

联大的光明未来

上面所说的,所写的,只是联大的躯壳,而不是联大的精神。我相信,除非有一双圣手,是写不出来联大的精神的。联大是一个包容三千多个学生的大学,是中国战时一个最高的学府,它本身必须包含许多纸上写不出来的东西。它确有"仰之弥高,钻之弥坚"的派头,它的高深也是一般人所不容易敲测的。我确实以为联大正充分说明了在抗战期中的和艰苦斗争的中国;同时,联大的同学也很可代表了艰苦斗争的中国人民。联大当局在物质环境极端恶劣的情形下,在敌人不断的狂炸中,仍然坚强不屈,努力弦歌事业,这种精神,只有在战时的中国才能看到。联大同学也在最低的生活水平下,拼命埋头,一身负起民族的复兴大业,这种决心,这种情绪,也只有在战时的中国才能看到。我之叙述联大,一方面固然是想把联大的生活动静,和它的生活内容,报告国人;另一方面,我也是想把联大的精神,有以渲托,使国人看一次抗战以来我们收获了些甚么。中国哲人曾说:"托六尺之孤,寄百里之命,临大节而不辱。"中国人民,尤其中国青年,必须能作到这一点,而联大师生却是要负起这个使命,担起这个责任。

选自《宇宙风》(半月刊)一九四一年第一百一十二期

// 流亡中的中国大学

顽青 译

云南府（即昆明），久为中国最落后省份底僻地的都城，今日已成了这个国家底主要文化中心地之一。虽然，这古老的落后的事物还没有神奇地消灭掉。东方型城市底污秽不堪，尘沙飞扬，难嗅的气息，以及无数苦力底用竹棒杠货物，和人力车夫底向行人呼喝——一切这些云南生活底特征，各方面都可看到。

但是就在这些落后的事物中，孕育着簇新的东西，在以前被遗弃的土地上，灌溉着自现在为敌人土地的北平、天津、上海移殖过来的文化底种子。许多知识难民成万地流亡入这里。因为三所"流亡中的大学"——国立北京大学，以前也在北平的清华大学，以及天津的南开大学，都在昆明建立起来了。南开大学底校舍，包括它的壮丽的图书馆，为敌人所轰炸；最后，是全部毁灭了。因为敌人对于这个机关怀着特殊的憎恨，认为它是华北民族意识底发源地。可是它底教授大都在这里和其他大学底他们底同志编辑着报纸杂志，组织着讨论会，执行着文化的计划。

这三所流亡的学校已联合在几个本地学校中（这些学校在日机空袭后的恐慌中，于将近九月底撤退的）建立起来。

设备贫乏，宿舍拥挤，书籍和试验装置难于获得。可是这里二千以上的教授和学生仍具着不屈不挠的精神，而这种精神是不可挫折的；即使在接连几次撤退底困苦以后，撤退到华中的长沙，以后再撤退到云南南部的一个小镇蒙自，后来又撤退到昆明。

上课如平常一样继续下去：权宜的计划很高兴地被接受下来，而且或者甚至有使人觉得比升平时更高的为公服务和热望为国出力的精神。只要一去访问联合大学底试验室，你就可见到即使空无物质设备所表现的情形。

野蓖麻子豆是云南丰富的产物。我们见到教授和研究员努力作着试验，从这植物中来抽出油来代替进口的石油，来发见甘油和凡士林底代替物，来准备桐油树的人工播种，这些树正在移植到云南来。极简单的家用器具如锅子、水壶都用作化学试验。

这些中国的难民学者在相同的环境下，是较西方民族更现实，更少感情作用。他们中的一个使我惊异他的冷静的无情的逻辑，他承认中国底弱点和日本底优点，以及承认相信日本必首先崩溃在同情中国的外人中较中国人自己更来得普遍。可是就是这个人,我站在旁观者的立场曾有时向他提出来的同一个题目,要求他申述关于日本不能占据整个中国,而中国不能用武力恢复日本已占有的意见,他用着坚决而有力的口气作了下面一个结论:

"自然,我们要回到我们北方的家乡。但假使我们不能飘扬起我们的国旗——同时假使我们不能保卫我们的城市,使日本再不能如一九三七年那样地来侵略我们——我们却不愿意回去。"

选自《译丛周刊》一九三九年第七十三期,(原载美国《基督教科学箴言报》),原标题《CHINA'S COLLEGES EXILE》

// 联大来雁

静 文

（此是家兄从西南联大的来信，在这里面，有不少宝贵的消息也是我们孤岛学生界所应该知道的消息！）

我终于离开了孤岛，千辛万苦的到达了昆明，而且已在联大度过一学期以上的生活了！

也许你也很想知道一点关于联大的消息吧？好，现我大略报告一点关于这儿的学生生活的情形。

当我初到昆明时候，联大已上了一星期的课，新生额俱满，照理我是不准进去了。我曾再三托朱××先生致函蒋校长设法，可是，联大行的是委员制，组织严格，蒋校长亦不能破格照准。当接到回信的时候，我真着急！吃饭、睡觉都没有心思了，人竟瘦了一十多磅。但幸好朱伯父为我拼命设法子，后来总算暂时进了云大！

云大自今年起，已改为国立，可是功课方面，并不比上海各大学来得深，其他方面似乎也很平凡。我读的是土木工程科，每天清早要有各种实验，因为我住所离学校很近，所以每天总是步行到校上课。但最使初到内地者寒心的，便是空袭警报：每天最少要来三四次；上课的时候，吃饭的时候，即使登坑的时候，都得立刻往防空壕里躲。可是，日子一长，也就成为了习惯，甚至满不在乎的懒得走进防空壕。真的，数百人避居一室，单说空气，也污浊得够你难受的了！

天大幸事，我在云大生活不到一星期，朱伯父忽来函说起联大一年级的土木工程科内，恰巧有一个学生因某种关系，不能再住校，嘱我速去填补。这真是一个自天而降的喜讯，几度考虑之下，我决定牺牲整整一年的学程，而重复再打头读起！

西南联大的课程紧得非凡，我在上海读过的大一教本，至此完全失了效力，样样皆须自己格外努力才能赶上去！

一年级学生需要军训，因此我也搬进了学校，这里的宿舍是新建的，因为经费的关系，建筑并不十分好；不过房间倒很宽敞，床是双层木制的，臭虫很多（这是据同学说，我倒尚未领教过）。房里桌椅都没有，甚至连电灯也没有，因此读书只能在白天；晚上要用功，就只好点洋烛。又因为军训关系，五点半便要起床，在上海舒服惯了的我，头几天很过不惯，以后倒也自然了！

最受不了的，还是吃饭问题。三元半大洋一星期，钱每星期缴一次，照昆明现在的市价看来，没有地方来得比校里便宜；可是菜很坏，每天照例是白烧番薯、清水豆腐、肉丝线粉、白菜汤等四样。今年招的新生特别多，大都来自异地，当然吃不惯这种菜；不过人人每餐总是四大碗，不折不扣：一方面固然是为的肚子饿，一方面却是同学之间互相鼓励的缘故。我们每个同学都有自己编就的歌谣，我编的是："只要读书救国好，哪妨菜坏吃不了？"你看如何？

"联大的学生，都是穷鬼！"这倒是事实，即使是有钱的子弟，进了联大也会叫穷；这儿的市价是太高得骇人！似乎总较上海高七八倍，一双布袜子卖四元，皮鞋卖六十元一双，西服五百元一套；不过联大学生，似乎并不理会这些，仍吾行吾素。我去昆明时带的十几双袜子，除在海关被没收数双外，其余的都穿破了，因此只得赤足。老实说，除几个"特等阔佬"以外，昆明的男女老少大都打赤足的！（赤足仅指袜言）习惯成自然，也不以为怪了！

这里路很难走，高高低低，大都是石子路，一下雨更有举足艰难之感！你们在上海走着平坦的柏油路，当然不会知道这里的行路之难了！

联大同学大半有贷金，每月有十四元可拿，这未始不是一个很好的帮助。不过最近发现有人拿了贷金去定牛奶吃，甚至有的请准了贷金，而在暑期中坐飞机返家的。这事报纸上刊得很多，颇受人指摘；因而现在学校当局对于贷金的办法颇为严厉，非有学校特别证明，概不发给。不过我却请准了救济金（贷金须分期拔还，而救济金可以不必）。校中请准救济金的人不多，同学们都在羡慕我的好运气。

　　在联大，最使我兴奋的是骑马。校中操场非常广大，同学们对骑马也都很感兴趣，常结队策骑出游，目的地往往到金殿，离城约八公里路程。金殿全系铜所造成，建于很高之山顶上，是明末吴三桂与陈圆圆住的地方，的确雄伟得很，是昆明的一个好名胜，游客亦多。

　　昆明的天气现在是最坏的时候（指四月），即所谓风季，早晚冷得穿棉袍子还发抖，一到中午，却又热得连单衣也穿不上。在风季中，飞沙走石，走路很感困难，尤其讨厌的是苍蝇，碰来碰去都是，没法驱除。幸而我现在的抵抗力很强，饭里带进几只苍蝇，满不在乎，可是在上海时我要大惊小怪了！老弟，记住我的话：环境是最易改造人的生活的！在可能范围中，我倒希望你能到昆明来，同我一起过这刻苦的有意义的日子；至少限度，你切不要学上一般上海人那特有的坏脾气——只讲外表，不求实际！

　　这里的东西，现在更高涨得惊人，略举一二吧！便纸卖一元二毛一刀，以一天用二张计算，十五天用完，真可以说连大便都便不起。联大的学生，大都拿讲义纸或草稿纸来代表草纸，确是可怜极点！这里的水果本极便宜，尤其是梨（大而味美，乃昆明特产）。我初来时只三毛一十（这里卖东西都以一十计算，即十只），每天吃个不停，现在却需三毛一只。樱桃已上市，但需三元五角一斤，买二毛钱，平均只有十五六颗。这里的糖，因为价格太贵，全以两为单位。沙利文的糖，一元二毛一两,仅有四五粒,已有三个月不知糖味之感了!

好啦,写得够多了!我这封信还是在茶店中写的,因为宿舍没有电灯,我们读书写信便大多是进茶店。化五分钱,可以坐一个晚上,任意工作;因此天还没黑,茶店中便已挤满了学生,到十一点钟,才动身回校。马路上全是学生的行列,真够神气!近来洋油奇缺,校中图书馆五六点钟即关门,我们看书大都在日里借好,晚上再到茶店里去细读,要不然就大谈其天。老弟,你看我们读书的环境是多末困难啊!所以我觉得你们在上海,假使还不努力读书,而将全部时间浪费在舞场、电影院里,那真是天大罪恶!

选自《学生月刊》一九四〇年第一卷第六期

// 昆明联大通讯

大 雄

××表弟：

在上海的人最喜欢听关于内地的事，而这些事最好是不和上海一样的，或者在上海是根本不会遇到的。这些事正多着呢，若是要我面对面说起来恐怕几天也说不完，若是要我写出来，恐怕不会这么完全和动人，况且写也是写不完的，并且在信上也不好任意乱写。你是喜欢听云南的特点，我先说云南特殊的地势造成了云南特殊的气候。你是去过浙东的，那边的山是相当可观，但是我想你恐怕没有钻过山洞，我从安南到昆明一共经过了一百五十八个山洞，世界上没有一条铁路穿过山洞的数目比这滇越铁路还多了。可见云南的山路是极艰险的。我从入云南境直到昆明，无时不在做爬山的工作，有时斜坡太厉害火车便用二个龙头一拖一推，才把火车送到了高处。昆明地方要比上海高一千九百多公尺，可见火车力量的大了。按照物理学的原理昆明气压就应该小，所以开水只有摄氏九十三度，假使要烧一支烂酥的蹄子就比较困难了。就是烧熟任何一样东西都要比在上海烧费时些。因为昆明地势这样高，山多水少就造成了昆明特殊的气候，太阳一出就热，一去就凉，不论四季都如此。这原因要用物理来解释，理由是很浅的，你不妨去问问读过物理的人，我在这里暂时不说。你读过地理，看地图就知道昆明和上海的经纬度数不同，应该可以算出昆明和上海时间的相差（我还记得在上海时你曾问过这样相似的算术题目）；这答数大概是一小时左右，就是你们吃饭总是比我们早一小时，我们吃中饭的时候总是在你们的一点钟，我在校中每晚睡觉必在上海钟点十一时半之后。这不是有趣的算术题目吗？

其次我们来说说云南的风俗人情吧。云南人有他们的特点，他们的言语中就能听出他们的性格。他们的"性"是很"直"的，譬如你到街上去买菜、买物，一切都是不二价，没有还价的。你若还价，他便说一句话"不要就算嘞"。若是去买鸡蛋，他说"一毛五"一个，你还他一元买七个，他就直截的回答"不卖"；因为他既不喜欢还价，又讨厌去算，交易是一定不成功的。他们还有一个特点，就算喜欢用秤，即使买一毛钱的花生米（比上海的五个铜板还少）也要用秤来秤一下。当然秤待人最公平，绝对老少无欺。

你一定要奇怪为什么昆明生活程度这样高？重庆还要深入内地，运输方面只有公路，然而一切物价都比昆明为低，同样物品运到重庆要比运到昆明困难而重庆生活更低那不是奇怪吗？但要知道某地生活程度的高低一方面固然因地理的关系、运输的关系而异，同时还要看当局的控制善否而定。在昆明虽然有一个平价委员会，它统管全市的物价。但是假使它规定大英牌香烟八毛钱一包，在市面上你就看不见一包大英牌出售。这样昆明一切的物价能抑制吗？试看今年端午节市面上糯米大缺，一元五毛钱一升都买不到，而平价委员会也不能说一句话。还有一个最大的原因事实上也不能使物质降低，恐怕现在在国内各省所独有的事，云南早就有了特种消费税的征收：每担米要抽一二十块钱，不论一切物品入云南境就要加这种特别税。假使上海从邮局寄一双布鞋给我，我就得纳三块钱的消费税。至于这个税收的机关，则恰好立在邮政局的门口，注意这是和邮政局毫无关系的，否则他何不和邮政合作呢！当一个人从邮局领到包裹出来时，必须经他们的检查，经他们定税，就必得按数缴纳。有一次我的同学到邮局去领衣服包裹，邮局里的人教他把衣服穿在身上出来，这样就逃去了他们的眼光，这是非常不应该的。

有人说昆明无物不贵，这是说昆明的每一样东西都比上海贵上数倍甚至数十倍。我去年到昆明三分钱一个菜包子，现在要卖一毛。校中包饭每月要十五元，有一半多日子吃不到一片肉。日用品中普通的球鞋要卖八元半，袜子二块钱一双。我去年带来的一打袜子看它一天天涨上去，所以直到现在还没有出让，我已决不售去，还是自己用实惠些。但是昆明只有一样东西和上海的钱一样，请你猜猜！那只有邮票了。不是吗？上海五分钱一张邮票,在昆明一角也可以买二张,所以在昆明只有寄信最便宜。大多数人都愿意费三角寄一封航空信。

我到昆明将近一年了,对于昆明的气候和当地的环境可说有相当认识。普通说来还算是一个可以安静读书的地方,虽然昆明的生活多么难,但是在这里的大学生多半是极穷苦的,而求学从来不拿家中钱用的也不乏人。我们经常的收入就是每月十四元的贷金。现在读书不缴费反而受到教育部的津贴,谁说没有读书的机会?只要自己够努力,什么事都能做得到,试看我们仅是联大就有近三千的学生在这样困苦的时期中也能安然的求学。

说到联大,你或者已经知道,是战前三个大学联合起来的。从前这三个大学中二个在北平,是清华和北京;一个在天津,是南开——都是全国极有名的大学。战事一起,一切设备损失殆尽,就差不多只有几个教授和一群学生一步一步地迁到了昆明,三个学校联合起来就叫西南联大。后来招了许多学生,教授也很多,以从前的声誉,现在还算是一个很好的学校,以后每年可容纳近千的新生,这数目是颇可观了。

你或者要问大学的生活究竟是怎样滋味?说到大学生活呢,那真是人生最宝贵的时期,能真正开始尝到生活的滋味。因为大学的读书生活是自由的,一个人所需要的东西必得自己去找,无论学识和经验;所以对于生活才能发生兴味,才能发生爱好。这就是教一个人将来如何能在社会上独立,这是最重要的一点。我再说大学生是绝对的自由,你要向那一方发展就走那一条路；在你决定之先必须要扩大眼界，看得一切都明白，然后才能选择。能够使见闻广的一定是要多看参考书，所以一个好的大学也要有极多的书籍报章和杂志。现在联大的书籍当然不多，但是已尽量的设法收集，最近英国牛津大学送来一千多部书和杂志，只可惜不是最新出版的。联大的杂志室倒是颇有味的，各种的报章和杂志还有新《申报》，恐怕你会不信的。要是到昆明市的公共阅览室，那决不会发现一张新《申报》，然而联大是有的，为什么？因为它是大学，大学生就有自由权在昆明看到新《申报》务使知彼知己。这样我就可以证明大学是一个自由的园地，你要喜欢什么，里面都有。所以能入大学确是一个宝贵的机会，我希望你将来也能进大学，进一个很好的大学，把一切功课都弄好，打好了基础，入大学后会更便宜的。在现在的中国正亟需人才，所以读书读得好就不用费钱，甚至还有多余。譬如说现在要到外国留学，有才能的人考取了公费留学，自己不费一钱。现在的留英庚款（中国的庚子赔款，英国拿来作为教育中国青年之用）每年每人有二十四金镑的供给，翻开报纸来看看一个金镑要合多少法币！这个数目足够一个人在英国求学的费用有余，还可以寄回家中来。这不是最合算的事？

　　昆明的上海人真不少，每日都在替上海居住者担忧，或者这是奸人煽动所致，但事实上也很难抑制。前几日恐怕上海人也很替昆明人忧虑，据说上海报纸上曾登载昆明被炸消息云：二三十小时不解警，市区被炸大火，其实也是谣言。只因为那天某住家不慎失火,烧去了二十六间小屋,只五个钟头就救熄了。况且在夜间,敌机更是不会到昆明的。二个月前也是我到昆明后的第一次,敌机二十七架来炸昆明飞机场,警报发出,大约二小时后发现敌机二十七架飞过市空,后来听他们在高空投弹,没有命中,只炸坏了机场旁边的一个小村落,还有少量的汽油,飞机毫无损失。这次空袭,市区连惊吓都没有受到。这算是战争发生以来敌机袭昆明的第三次。

因为欧战关系,这次昆明非常担心上海,但是我们经历过逃难困苦的也无所谓,学生更没有可怕之处。今天传海防中国军火被查。今天火车也不通,有许多同学要回上海的,几天内恐怕也去不了。的确,昆明到了相当紧张的地步,越币已跌到二元半,一切都是不安,甚至有人已预备逃难,那未免有点神经过敏。要知道云南的山地易守难攻的。你们一方面替自己担心,一方面还替昆明的人担忧吗?我对你们说你们不要听一切关于昆明的谣言。暑假开始后,我将多报告些昆明的消息。

希望得到些最近上海的消息。敬祝

升学顺利!

表弟××谨上
六月十四日

选自《青年》一九四〇年第二期

// 从事教育者应有之新观念

（三月廿四日在本院公民训育系讲辞）

张伯苓

今天到这儿同大家谈话，从进校门进来，看见一些破坏的建筑，表现出刚改造过的样子，我就觉得很欣慰！

今天在座者，大部份是师范学院的学生，你们将来的责任是教育，我向以从事于教育为终身职业的青年们谈话，我很高兴。为什末呢？教育是我个人选定的职业，从开始到现在，足有四十年，越作越有兴趣。

因为社会上的职业很多，如政治、商业、工业、法律、医学等等，他们都有一定的对象。比如说土木工程师之于材料、画图……等，对象无论是化学的也好，物理的也好，总是死的，机械的。法律的对象，虽是活的，但大半是"打官司"的或一些罪人。医学的对象，是一些使人不生快感的病人。各种职业中，教育要算最好，因为对象是活的人。人是生长的，变化的，教导他们，传授他们，他们还可以将所得经验再往下传，真是再好没有了！一个从事教育的人常有怎样去训练他们指导他们的想法，会使你终身不倦。

我常自问："为什末从事教育？教什末？怎样教？……"在学校这样问，在社会也这样问，一直问下去，很希望你们也能这样的自问。要晓得，我们的对象是人，是活的长的，真是变化无穷。同时自己永远也是长的活的，不像那银行里的职员，整天的算来算去，工作很机械，但结果还是别人的，没有什末趣味！

试想：我们职业，算什末职业呢？教育在社会里，是非常的重要，特别是在现阶段的中国，我们所顶需要的是"活"；但在世界上如何才能"活"呢？就需要力量，有力量就能办到了吗？如果力量是分散的，还是无用。因此最需要把各个力量团结起来，团结越坚固，力量越大，活着也就很舒适。

我们生活在二十世纪，假如我们现在不受敌人的侵略，恐怕大家还不明白这个道理。抗战至今一年半了，我想：任何人不能反驳这道理。即是人们需要生存，需要团结，特别在中国的现阶段。而培养这个力量的是什末？是教育。要是能够使全国个个人的力量长起来，并且还把它团结起来，成一个伟大的力量，中国一定能够强盛，一定能够复兴。

既然知道教育的功能这样重大，但怎样作法才能尽其效呢？这问题很严重，恐怕从事教育者终身还不能尽其功。你们虽刚研究教育，但也可以作如此想，因为这是一种常识。请大家想想：你们将来还是去作一个"教书匠"赚数十块钱一个月就了事吗？抑或要去作一个真正的教师有目的的教师呢？大家早就要认识清楚，你们责任是很重大的！

说到这里，假使有人问："教育的任务是这样的重大，你们能办得到吗？"那我可以代答："我们办不到，那个又能办得到呢？"

现在有很多人批评教育太无成效，特别是政府由南京迁到重庆后，几月前有十二个教育团体在重庆开联会，如中华职业教育社、中国心理卫生协会、中华儿童教育社、中国社会教育社……等。到会者，有二三百人，开了七天，对于各会大概情形的报告及今后努力的商讨，我记得在这个时候有一个人演说，他引了从前方视察归来的雷鸣远先生的话，说："中国老百姓是好的，官是坏的，这是教育造成的坏结果。"我想雷先生对于宗教却很热心，但他懂不懂得教育，我不敢说。

闭会的下午，陈部长开了一个茶话会，他无论如何请我说几句话。我就说："……我不愿意辩驳，要是说教育没有办得好的话，那末我要问：'中国近几十年来那样事情又办好了呢？'教育真的办得很坏吗？那末你看过去北方反对日本最激烈的是谁？是学生。他们为什末能这样呢？因为他们受了教育。又在这不完不全的教育中社会中，一些念过书的青年，大都是男的身体比他的父亲高，女的身体比她的母亲高。（说到这里，张先生就指问了四位女同学，她们均答应是对的。）要说此次抗战，要算空军成绩最好，她们很勇敢，有牺牲的精神,也是教育的结果。至于说到官是坏的,不是我们教育者的责任,而是受社会一切恶势力的熏染,恶劣环境的造成……"

大家要知道,教育成效好坏的问题,别人来批评是不配。因为他们这样问,我就又问他们:"你是那一行?你把那行干好了没有?"但我们不要以为人家不长进,我们也就因之不长进。要时常反问自励,假定我们要在世界上占一地位,此责任谁负?就是从事教育的我们。

中山先生说:"知难行易。"这话用之于教育更恰当。我们要认清,我们的责任是:改造国家,改造民族,造成一个团结的力量,使全国同胞能生存。

责任既然认清了,办起来就容易了。我曾看见一些留学外国归来的教育学者,他们把英国、希腊、美国……的教育情形弄得很清楚,但他们不了解中国教育上的问题是什末?无怪乎有人批评过去的教育是失败了。因此我觉得办教育的最初认识,是要使个人的力量长,使国家团体的力量长,以及改造我们的国家和民族,谋大家的生存。

你们晓得不,"公能"两个字是南开的校训,"能"就是个个长力量,"公"就是大家长力量。中国对于"公"太缺乏了,自私心过于发达,过去的许多内战,自己消灭自己的力量,就是"私"造成的结果。我们从事教育的人,要去领导他们。睁开我们的眼睛看准努力的方针,使他们天天的好好的滋长团体的力量。我想:我们大家甚至世界上的人,只要认清了这点,干起教育工作来,就轻而易举了。

此次第三次全国教育会议，开会的现象很好，很不像十七年的第一次、十九年的第二次开会……

我以为办教育的人有三类：第一类是不切实际的乱教；第二类是受了刺激才办教育，方法和目的，都比较进步；第三类是以远大的眼光来办教育、政治、经济、军事……各方面都顾及到……

现在，形式的武装精神的武装，要双管齐下。政府已注意及此，希望负责教育的你们，认定这重大的责任，使我们的民族改老还少，时时改，处处改，不断的努力改。

你们现在所住的昆中北院，莫以它为很坏，我们要以坏的环境来训练我们，淬励自身。我听黄院长说，知道现在的环境，是用同学们的力量改造一番的。你们有人到过北平就可以知道许多大学的校舍，建筑非常的好，但你一进去，在那舒适的环境中，顿时会使你软化了，这是不很对，西人的 Learning by Doing "做即学""学即做"是很对的，我们要做到老学到老。孔子的"学而时习之"，也就是这个意思。要是真懂得教育的话，无论中外的教育方法都好。

大家已知道教育的目的是"公"，望大家根据这认识，负着这责任，向前迈进，努力干去。中国的前途，一定是光明灿烂！

……

选自《教师节特刊》，国立西南联合大学师范学院学生自治会出版，一九三九年六月油印。有删节。

// 致香港清华同学

梅贻琦

谨启者：

二十九年十月十三日敌机袭昆明，竟以联大与云大为目标，俯冲投弹，联大遭受一部分损失，计为师范学院男生宿舍全毁，该院办公处及教员宿舍亦多震坏。缘该院校舍系借省立昆华中学之一部房屋稍旧，而环学校四周，落弹甚多，故损毁特巨。

清华在西仓坡之办事处前后落两巨弹，幸该房屋建筑尚坚固，仅玻璃窗屋顶有相当损坏。本校在办事处自建一防空洞原为存储重要卷宗，筑在屋之后荒园内，而屋后所落之弹，即紧逼此洞，遂全部震塌。经发掘后，物件受损不大，卷宗完好。惟有工友二人，平素忠于职守，每值警报声作，均不外出，愿留看守；是日匿避该防空洞内，竟以身殉，实堪惋惜。此外全体同人及眷属与联大全体师生，均告无恙。

联大翌日照常上课，本校办事处即将整理，过去工作部分迁移乡间办理；其他部分，均恢复常态矣。

近日辱承各地友朋，函电纷来，备致慰问；谨将经过情形，略述如上。总之"物质之损失有限，精神之淬励无穷，仇深事亟，吾人更宜努力。"此二十八年校庆日贻琦所书以自勉而与同人共勉者，今仍愿申此义，敬为我亲爱友朋告焉。

梅贻琦谨启
十月三十一日

选自《大公报》一九四〇年十一月九日

// 西南来鸿

华 上

蕙：

　　民二十六年秋，平津沦陷后，我们的学校——北大和清华、南开三大学奉了教育部的命令，在湘设立长沙临时大学。那时我已到校上课。一学期后，因长沙军事地位的重要，及学校购置图书仪器的关系，得到教部的允许，在二十七年春迁滇。抵后，校名才称西南联合大学。所以，联大到现在，倘然不包括长沙临大时期，那只有短短的一年半的历史。

　　联大现在的组织和从前三校在平津时略有不同：校长都改称为常委；教务处之外，加了训导处；其他还有军训部，生活指导委员会等的设立；各院的院长及系主任亦略有更动。联大本来已有文，法，理，工四院，其后又添设了师范学院。所以现在这里除了农、医二科外，差不多每种学术的研究都可以获得。初来时，同学只有七百左右，现在已增到三千多了。这数目比起战前三校原有人数实在不能算小哩!

到了昆明后,学校当局就着手在西北郊建筑校舍;经过两年的努力,在这学期的开始,新厦已经落成了。但因为课程开得多,同学人数众,自己的数十所房子,实在不够用。现在的校舍,大部份仍是东一块、西一方地租赁来的。因此校址不能集中:工学院独在城南;文,理,法,师四院则散处城西北一带;图书馆,实验室,课堂,办公室,宿舍等都是零落地分布着。倘若有人到联大找人,而没有向导者,那真要找一天还是茫无头绪。

当代的学者名流,在联大执教的很多。他们的名字,在著作或编译的大学丛书的名单上,或在报章杂志的学术论文和文艺创作方面,常会遇到的。所以在有些教授的班上,不但是教室内坐得济济一堂,就连门外也围得水泄不通。选修的固然多,旁听的也不少。大家全都精神贯注,不放松黑板前飞出的每一个字。

学校对于学生功课所抱的宗旨是严格的督促,同时也提倡自由研究。大概说来,同学们读书的空气是十分浓厚的。随便什么时候,走到可容五百人的大图书馆,总是看见坐满了捧着书本的人。早晨,天刚明,同学在马路旁的石阶上,或校中教室内,高声朗诵,或低头默读的实在不在少数。

图书馆中读书的人是这样的多,而书籍却少得不够分配;三百人抢着用四本参考书的事也曾有过。要做实验的人也一样的多,而仪器也和图书一样的不够分配。于是不得不想尽方法把每件仪器尽力的利用着：晚上连着白天，假期继着学期。

讲到同学们所过的日子，那大部份真是苦的很。关于住，虽挤得不舒服，但还不至于发生问题，因为宿舍是学校供给的：双层床，床位是用抽签法决定的。小房间每室住十余人；大房间则住五六十人。碰得巧，屋子内有一两只放书籍的桌子，运气不好，一只床就是你的整个园地。书本笔记簿倘若不和被枕同伍，那就只有贬入床底。住虽是这样挤，尚不至于发生无安身之处的问题。这里最迫切的倒是吃饭问题。昆明生活程度的高，用费的大，在全国恐怕是第一位。米每担到过六十五元。可算是空前的，也希望是绝后的。照现在的估计，每人每年至少要化四百元以上。然而同学多是来自四方，家在沦陷区的很多。经济来源极难接济。有的完全断绝了经济来源，仅靠着学校的救济金、借贷金的补助，接济；或者靠自己的工作所得度日：同学中开办晨校，夜校，补习班的，当家庭教师的，在学校图书馆当助理的实不在少数。壁报上，"吃饭难"是一个最严重的问题。我们倘是因为少数同学常上馆子，而说联大同学都很阔绰，那是错误的。衣饰方面：以穿蓝布大褂的比较多。然而毛织品的西装，丝织品的旗袍也是到处都能看到的。联大的体育部有着特别作风：提倡跑步。于是训练得同学们个个健步若飞。这种运动解决了行的问题。走十里二十里路真算不得一回事。在昆明黄包车太贵；电车轨道尚未修造；公共汽车没有；自行车难以租到；除了自己的两条腿，实在没有再好的代步工具。

在这里除了必要的课本，同学们难得买一本新书。能借到的就向人设法去借，不能借的就去图书馆里阅读。最通行的笔记本是自己订装的白报纸簿。用打字纸的已很少，用硬面厚练习簿或者活页簿的更是一个教室里难得有一二位。除非是刚从上海或香港来的同学。墨水在这里已成了奢侈品，所以用铅笔的多于用钢笔的。

同学的团体多得数不清。学生自治会是最大的组织。此外有青年团，同乡会，级会，各学系的学会，各种学术研究团体，文艺集团，体育组织，戏剧研究等团体。欢喜团体活动的，每星期不愁没有会开；不感兴趣的，也可以都不参加。

在昆明，除了联合大学以外，专科以上的学校，还有航空学校，军分校，云南大学，上海医学院，中正医学院，同济大学，艺专学校，体专学校等。其中只有云大是本来在昆明的，其余都是战后迁来的。同济大学分：工，理，医三院；云大有联大所没有的医科和农科。其他诸校内容在校称上都已标出，姑从略。离昆明四小时火车行程的澄江有中山大学；两天汽车行程的大理有华中大学。概言之，在西南的大学生总数约在一万以上。

以自然环境来论，昆明市真是一个理想的地方。滇池流出涓涓的清溪，富有江南风味；明朗无云的天空，又有北方气概；苍劲雄伟的西山，更保持了它特有的风格。玫瑰永远红着；从秋天到春天，到处都可以看见雪白的茶花；桂菊，梅兰，桃李，连续不断的开着。像这样的季节真是"四季如春"

了。然而气候的变幻，有时不免有"一雨便冬"的情形。在九、十月的阴雨时候，就会冷得穿着皮袍子脚仍是僵硬。同时在昆明说"没有夏天"这句话也是对的，夏天的昆明室内温度是不会使人出汗的。

昆明得天独厚：雨季过了有雾季。浓厚的雾层远远地包围在群山之间，因此敌机不易光临。两年中，只有过几次警报，遭过两次轰炸，可以说十分安全了。

上海的大书店，在昆明都有分店，普通书籍大概还可以买到。不过比原价要加一倍五成不等。国内各地的杂志报纸也都能看到，但有时因到达太迟，只好当史料来读。有时又因到得太少，欲买已尽。知识的粮食，不能说是丰富，却也不太贫涩了。

昆明是新中国的文化中心。在这里充满了蓬勃焕发的新气象，虽然因战时的关系，在物质上不免受有严重的影响，但昆明的天赋独厚，和民气的奋发正象征着我们中华民族前途的光荣和胜利！

华上
十一月三十一日

选自《沪大教育》一九四〇年第三卷第一期

// 五四历史座谈

闻一多

　　时间——三十三年五月三日晚
　　地点——联大新舍南区十号教室

　　刚才周炳琳先生报告了五四时候北大的情形,五四运动的中心是在北大,而清华是在城外,五三那天的会不能够去参加(记者按:周炳琳先生方才说到五三晚上北大学生集会于北大第三院大礼堂,决定次日的游行示威)。至于后来的街头演讲,清华倒干得很起劲,一千多人被关起来,其中有许多是清华的。我那时候呢?也是因为喜欢弄弄文墨,而在清华学生会里当文书。我想起那时候的一件呆事,也是表示我文人的积习竟有这样深:五四的消息传到了清华,五五早起,清华的食堂门口出现了一张岳飞的《满江红》,就是我在夜里偷偷地去贴的。所以我今天看了许多同学的壁报,觉得我那时候贴的东西真太不如今天你们的壁报了。我一直在学校里管文件，没有到城里参加演讲，除了有一次是特殊的之外。那年暑假到上海开学生总会，周先生（炳琳）代表北大，我代表清华到上海听过中山先生的演讲。我的记忆极坏，此外没有甚么事实可以报告，只知道当时的情绪，就像我的贴《满江红》吧！

方才张先生说五四是思想革命是正中下怀（记者按：张奚若先生说道"辛亥革命是形式上的革命，五四则是思想革命"），但是你们现在好像是在审判我，因为我是在被革的系——中文系里面的。但是我要和你们里应外合！张先生说现在精神解放已走入歧途，我认为还是太客气的说法，实在是整个都走回去了！是开倒车了！现在有些人学会了新名词，拿他来解释旧的，说外国人有的东西我国老早就都有啦！我为什么教中国文学系呢？五四时代我受到的思想影响是爱国的，民主的，觉得我们中国人应该如何团结起来救国。五四以后不久，我出洋，还是关心国事，提倡Nationalism，不过那是感情上的，我并不懂得政治，也不懂得三民主义，孙中山先生翻译Nationalism为民族主义，我以为这是反动的。回国以后在好几次的集会中曾经和周先生站在相反的立场，其实现在看起来，那是相同的，周先生：你说是不是？我在外国所学的本来不是文学，但因为这种Nationalism的思想而注意中文，忽略了功课，为的是使中国好，并且我父亲是一个秀才，从小我就受《诗》云子曰的影响，但是愈读中国书就愈觉得他是要不得的；我的读中国书是要戳破他的疮疤，揭穿他的黑暗，而不是去捧他。我是幼稚的，但要不是幼稚的话，当时也不会有五四运动了。青年人是幼稚的，重感情的，但是青年人的幼稚病，有时并不是可耻的；尤其是在一个启蒙的时期，幼稚是感情的先导，感情一冲动，才能发出力量。所以有人怕他们矫枉过正，我却觉得更要矫枉过正，因为矫枉过正才显得有力量。当时要打倒孔家店，现在更要打倒，不过当时大家讲不出理由来，今天你们可以来请教我。我念过了几十年的《经》书，愈念愈知道孔子的要不得，因为那是封建社会底下的，封建社会是病态的社会，儒学就是用来维持封建社会的假秩序的。他们要把整个社会弄得死板不动，所以封建社会的东西全是要不得的。我相信，凭我的读书经验和心得，他是实在要不得的。中文系的任务就是要知道他的要不得，才不至于开倒车。但是非中文系的人往往会受父辈《诗》云子曰的影响，也许在开倒车……负起五四的责任是不容易的，因为人家不许我们负呀！这不是口头说说的，你在行为上的小地方是会处处反映出孔家店的。

选自《闻一多全集·3·演讲录》，开明书店一九四八年八月版，原载《大路》第五期

// 八年的回忆与感想

闻一多谈话　际戡笔记

说到联大的历史和演变，我们应追溯到长沙临时大学的一段生活。最初，师生们陆续由北平跑出，到长沙聚齐，住在圣经学校里，大家的情绪只是兴奋而已。记得教授们每天晚上吃完饭，大家聚在一间房子里，一边吃着茶、抽着烟，一边看着报纸，研究着地图，谈论着战事和各种问题。有时一个同事新从北方来到，大家更是兴奋的听他的逃难的故事和沿途的消息。大体上说，那时教授们和一般人一样，只有着战争刚爆发时的紧张和愤慨，没有人想到战争是否可以胜利；既然我们被迫得不能不打，只好打了再说。人们只对于保卫某据点的时间的久暂，意见有些出入，然而即使是最悲观的也没有考虑到战事如何结局的问题。那时我们甚至今天还不大知道明天要做什么事，因为学校虽然天天在筹备开学，我们自己多数人心里却怀着另外一个幻想。我们脑子里装满了欧美现代国家的观念，以为这样的战争，一发生，全国都应该动员起来，自然我们自己也不是例外。于是我们有的等着政府的指示：或上前方参加工作，或在后方从事战时的生产，至少也可以在士兵或民众教育上尽点力。事实证明这个幻想终于只是幻想，于是我们的心理便渐渐回到自己岗位上的工作，我们依然得准备教书，教我们过去所教的书。

因为长沙圣经学校校舍的限制，我们文学院是指定在南岳上课的。在这里我们住的房子也是属于圣经学校的。这些房子是在山腰上，前面在我们脚下是南岳镇，后面往山里走，便是那探索不完的名胜。

在南岳的生活，现在想起来，真有"恍如隔世"之感。那时物价还没有开始跳涨，只是在微微的波动着罢了。记得大前门纸烟涨到两毛钱一包的时候，大家曾考虑到戒烟的办法。南岳是个偏僻地方，报纸要两三天以后才能看到，世界注意不到我们，我们也就渐渐不大注意世界了，于是在有规则性的上课与逛山的日程中，大家的生活又慢慢安定下来。半辈子的生活方式，究竟不容易改掉，暂时的扰动，只能使它表面上起点变化，机会一来，它还是要恢复常态的。

讲到同学们，我的印象是常有变动，仿佛时常走掉的并不比新来的少，走掉的自然多半是到前线参加实际战争去的。但留下的对于功课多数还是很专心的。

抗战对中国社会的影响，那时还不甚显著，人们对蒋主席的崇拜与信任，几乎是没有限度的。在没有读到史诺的《西行漫记》一类的书的时候,大家并不知道抗战是怎样起来的,只觉得那真是由于一个英勇刚毅的领导;对于这样一个人,你除了钦佩,还有甚么话可说的呢!有一次,我和一位先生谈到国共问题,大家都以为西安事变虽然业已过去,抗战却并不能把国共双方根本的矛盾彻底解决,只是把它暂时压下去了,这个矛盾将来是可能又现出来的。然则应该如何永久彻底解决这问题呢?这位先生认为英明神圣的领袖,代表着中国人民的最高智慧,时机来了,他一定会向左靠拢一点,整个国家民族也就会跟着他这样做,那时左右的问题自然就不存在了。现在想想,中国的"真命天子"的观念真是根深蒂固!可惜我当时没有反问这位先生一句:"如果领袖不向平安的方向靠,而是向黑暗的深渊里冲,整个国家民族是否也就跟着他那样做呢?"

但这在当时究竟是辽远的事情,当时大家争执得热烈的倒是应否实施战时教育的问题。同学中一部分觉得应该有一种有别于平时的战时教育,包括打靶,下乡宣传之类。教授大都与政府的看法相同,认为我们应该努力研究,以待将来建国之用;何况学生受了训,不见得比大兵打得更好,因为那时的中国军队确乎打得不坏。结果是两派人各行其是,愿意参加战争的上了前线,不愿意的依然留在学校里读书。在这里,我们应该注意:并不是全体学生都主张战时教育而全体教授都主张平时教育。前面说过,教授们也曾经等待过征调,只因征调没有消息,他们才回头来安心教书的。有些人还到南京或武昌去向政府投效过，结果自然都败兴而返。至于在学校里，他们并不积极反对参加点配合抗战的课程，但一则教育部没有明确的指示，二则学校教育一向与现实生活脱节，要他们炮声一响马上就把教育和现实配合起来，又叫他们如何下手呢？

武汉情势日渐危急，长沙的轰炸日益加剧，学校决定西迁了。一部分男同学组织了步行团，打算从湖南经贵州走到云南。那一次参加步行团的教授除我之外，还有黄子坚、袁复礼、李继侗、曾昭抡等先生。我们沿途并没有遇到土匪，如外面所传说的。只有一次，走到一个离土匪很近的地方，一夜大家紧张戒备，然而也是一场虚惊而已。

那时候，举国上下都在抗日的紧张情绪中，穷乡僻野的老百姓也都知道要打日本，所以沿途并没有作甚么宣传的必要。同人民接近倒是常有的事，但多数人所注意的还是苗区的风俗习惯、服装、语言和名胜古迹等等。

在旅途中同学们的情绪很好，仿佛大家都觉得下面有五百万勇敢用命的兵士抗战，反正是没有问题的。我们只希望到昆明后，有一个能给大家安心读书的环境。大家似乎都不大谈，甚至也不大想政治问题。有时跟辅导团团长为了食宿闹点别扭，也都是很小的事，一般说来，都是很高兴的。

到昆明后，文法学院到蒙自呆了半年，蒙自又是一个世外桃源。到蒙自后，抗战的成绩渐渐露出马脚，有些被抗战打了强心针的人，现在，兴奋的情绪不能不因为冷酷的事实而渐渐低落了。

在蒙自，吃饭对于我是一件大苦事：第一，我吃菜吃得咸，而云南的盐淡得可怕，叫厨工每餐饭准备一点盐，他每每又忘记，我也懒得多麻烦，于是天天只有忍痛吃淡菜。第二，同桌是一群著名的败北主义者，每到吃饭时必大发其败北主义的理论，指着报纸得意洋洋说："我说了要败，你看罢！现在怎么样？"他们人多势众，和他们辩论是无用的。

云南的生活当然不如北平舒服。有些人的家还在北平，上海或是香港。他们离家太久，每到暑假当然想回去看看，有的人便在这时一去不返了。

等到新校舍筑成，我们搬回昆明。这中间联大有一段很重要的历史，就是皖南事变时期，同学们在思想上分成了两个堡垒。那年我正休假，在晋宁县住了一年，所以校内的情形，不大清楚，只听说有一部分同学离开了学校，但是后来又陆续回来了。

教授的生活在那时因为物价还没有显著的变化，并没有大变动。交通也比较方便，有的教授还常常回北平去看看家里的人。

一般说来，先生和同学那时都注重学术的研究和学习，并不像现在整天谈政治，谈时事。

大学的课程，甚至教材都要规定，这是陈立夫做了教育部长后才有的现象。这些花样引起了教授中普遍的反感。有一次教育部要重新"审定"教授们的"资格"，教授会中讨论到这问题，许多先生发言非常愤慨；但，这并不意味着反对国民党的情绪。

联大风气开始改变,应该从三十三年算起,那一年政府改三月二十九日为青年节,引起了教授和同学们一致的愤慨。抗战期中的青年是大大的进步了,这在"一二·一"运动中,表现得尤其清楚。那几年同学中跑仰光赚钱的固然有,但那究竟是少数,并且这责任归根究底,还应该由政府来负。

这两年来,同学们对于学术研究比较冷淡,确是事实;但人们因此而悲观,却是过虑。政治问题诚然是暂时的事,而学术研究是一个长期的工作。有些人主张不应该为了暂时的工作而荒废了永久的事业,初听这说法很有道理,但是暂时的难关通不过,怎能达到那永久的阶段呢?而且政治上了轨道,局势一安定下来,大家自然会回到学术里来的。

这年头愈是年青的,愈能识大体,博学多能的中年人反而只会挑剔小节;正当青年们昂起头来做人的时候,中年人却在黑暗的淫威面前屈膝了。究竟是谁应该向谁学习?想到这里,我觉得在今天所有的不合理的现象之中,教育,尤其大学教育,是最不合理的。抗战以来八九年教书生活的经验,使我整个的否定了我们的教育。我不知道我还能继续支持这样的生活多久,如果我真是有廉耻的话!

选自《闻一多全集·3·演讲录》,开明书店一九四八年八月版,原载《笔锋》

《联大青年》发刊辞

联大青年社

抗战将达四年了。

我们有的从前线,有的从海外,有的从东北和西北边陲,远离乡井,跋涉山川,来到西南的大后方,汇集在联合大学这一个最高学府。我们曾经受敌人的摧残毁伤,致于家门倾覆,骨肉离散,但我们现在又有了一种新的团结。国家爱惜我们,暂许留在后方,使我们格外振奋,不断在充实自己,锻炼自己,准备着为争取民族的独立与自由而努力。敌人的毒焰紧随着我们,尤其在最近的一年,空袭的次数与程度日益增剧。我们的校舍被毁,我们闻警趋避郊外,往往为时七八小时,日炙雨淋,备极辛苦,但我们的工作始终没有一刻松懈,我们的精神反而愈加激发。

我们的学校是由北大,清华与南开三个大学混合而成。三校各有悠久的历史与独特的学风。我们继承并融会三校的特长,渐已孕育一种新的姿态。我们在良好的学术环境中,有机会继续丰富的知识与技能,同时我们不敢一刻忘却国家正处于艰危之际,遇有必要,我们即积极参加战时的动员工作。

我们深知建国的大业异常繁重。我们必须团结一致,成一伟大的力量,贡献我们的能力、自由与生命,以达到复兴民族的目的。

我们在课余之暇举办这一个刊物,一方面想促进全校同学的团结,认清时代,携手向前迈进;另一方面也愿意将联大的团体生活介绍于社会。我们都是大时代中的青年,自信有勇气,有理想。我们将用青年的观点来究讨一切,衡量一切。

选自《联大青年》创刊号,联大青年社一九四一年六月十六日出版

// 《联大投考指南》序

联大航空系一九四三级级会

联大,唯一可值得称颂的,就是精神生活的追求高于物质生活的享受。因此,在史实中,它留下了不可否认更不能磨灭的一页。母校,像一颗永恒不变的大树。在它的庇护下,造就了多少有用的人才,又培养着多少有为的青年。如今,我们即将完成大学中四年基本的教程而步入社会,为表示一点对母校的爱护与关切,所以,我们愿意帮助有志求学的青年朋友们进入这环境;更循着以往淳朴的风尚,努力于学识上的研究,立定未来事业之根基。中国国运日隆,光阴灿烂的日子即将来临。那时,祖国需要更多的人才。我们愿尽绵薄之力,助成这伟大日子的来临。

《联大投考指南》特殊使命,就是希望高中毕业的青年朋友,能对联大有新认识(请参阅本刊中《联大介绍》)。然后,依据个人内心兴趣所之,决定自己将投考那一院系。这一点是应该加以更明确的考虑，因为它将决定你以后的路径。并且，切莫因社会中暂时的需要，或家庭的阻止而改变初心。

同时，我们还有一个目的就是要纪念一个于今年春季亡故的级友王乃震君。

此外，我们得感谢各公司、商行、厂家的帮助。又承本校诸位教授为我们解答难题，训导长查良钊先生题签，在此一并致谢。

最后，让我们为每一位欲投联大的朋友祝贺。

联大航空系一九四三级级会谨序

选自《联大投考指南》，联大航空系一九四三级级会编印，一九四三年六月出版

// 联大二事

可

西南联大训导长为人和善，每见人必春风满面，学生因之皆感亲切。一女同学某日去请求贷金，训导长说："你的衣服这样漂亮，还要请什么贷金？"曰："这是战前做的。"训导长乃莞尔而笑，说道："好孩子！好孩子！真会讲话！"其温煦可见一斑。

又导师制在联大为工学院所独有。过去每半年间导师必召集本组学生茶话一次，并纵谈人生经验。某教授说道："凡做事首要圆活，七分精力对人，三分对事可耳。"各生于欣赏教授夫人茶点之余，莫不叹息教授的感慨。

选自《学生之友》一九四二年第四卷第五—六期

// 联大花开

佚名

谈到联大的历史,真够使人感到骄傲。譬如说:北大,这中国第一个老牌的大学;清华,这欧美文化输入的总汇;南开,这雄踞津市的巨狮,都是她的前身与合成的份子。

在中国历史上留下一大页的五四运动,是北大首先发起、发动的,因此,她的继承者——今日的联大——还能够保持着这么一种自由研究的风气。若果说,教育要在自由的风气下才能开出灿烂的花,那么,我们很有理由说,在联大,这朵花将会开得更为灿烂而光明。

生活在这百物昂贵的今日,已经使人困苦,尤其是生活在这物价之王的昆明,照理说应该是更为痛苦的,但是,由于联大同学们意志的坚毅,这小小的困难是克服了。

这儿的教授们,不但数目惊人,学问也极渊博。例如物理系一系就经常保持十四个左右的全国闻名的学者,而其他各系,也就不难类以推求了。

要想研究学问的年青人,联大正向你伸出欢迎的手。

选自《新世纪》(重庆)一九四五年第二期

// 联大之谜

郭平凡

常听社会上人士,谈论联大情形,谈的有声有色。有的说是根据耳闻眼见,有的说是来自风闻传说,有的带点赞许口吻,有的含些悲叹口气,态度不一,而那期望听众们信服他的话是千真万确。按点甚至按面而论,谈者确多不无是处,不过要按整个联大之所以为联大意义上看,大家似尚多未搔到它的痒处。亦难怪,一个教育机关,常有许多措置不易被人了解,而它亦不愿轻于受普通一般尺寸来量,所以不仅局外人,就是在它里面住过几年的人,亦常不懂得它究竟是怎么回事。我追随它六年,而它对我仍然是个谜。

我常奇怪联大,何以能联合这么久远?大家都知道是由三个大学作台柱,一般文人作班底而成立的。三校各有传统的作风与习尚,而一般文人的脾气性情,又为大家所素知,谁肯尊重别人意见,又谁肯放松自己立场。所以成立之后就有人担心他们要另起炉灶，或讽刺它为一个"联而不合"的组织。然而今已六年于兹矣，不但联而合，更且合而紧，即起初那点接缝处的痕迹，亦不见踪影。有人说这是因为他们穷，穷而需要彼此凑近取暖的原故，这番推论骤听之不无见地。要知道他们都各有个较富的娘家，是非穷力之作用也明矣，然则毕竟他们愈联愈合之道，是或在于世间之人，亦有不尽相同者欤？

穷应变，变能通，国人信仰之成语。所以近来有不少同业，都想从其他方面，报效国家。原来救国之道，本无常规，更不需占在一条船上。惜联大一般人，多半死抱紧这个稀饭碗，不肯稍松，看来亦未免呆板。儿女衣食，太太苦寒似非他们分内责任，而他们本人在家自处，不管寒伧潦倒到怎样境况。而一进教室，就像着了魔似的，就挺起那外强中干之胸膛，鼓起唇舌，大有旁若无人气概。我怕这般人命运，迟早有踏上平津洋车夫，暑天飞奔到最后一秒之结局，然自作之祸福于人何干。社会上虽亦不乏多情好义之士，而他们还要斟酌取受之义，无怪有人喻这般穷鬼，为某处之砖头，臭而且硬者也。然素性使然，亦无可如何也。

有其师，自有其生，看来确乎不错。然师已老了，无可挽救，而你们青年学生，干什么不好，就凭你一个沦陷区青年资格，到那里不可以找个学上，或谋一点职业？何必一定冒若干困难，单来考这个学校？吃素食，住茅屋，这固然是节俭生活，在抗战时期，还可忍受。而那些不识时务，不懂后生可畏之教授们，整天不忘要笔记，要报告，要论文，分数像他们自家的私产一样，吝惜计较，真予人不快。虽说从他们这里可以学到点东西，然这点东西又可换得来什么文凭，当不了米面，智识又敌不过情面，你说你来求思想指导么？而这里不但无这门课程，根本就少树起鲜明的标帜。除了以国家民族为至上外，其他任何口号你都叫不很响，你来求思想解放么？既知思想无法压迫，他们当然亦无法给你解放，并且这里人，对社会情形，国人习尚，均有相当了解，偏以浮浅之说，决不愿意拉到群众，如果你是抱着解决烦闷问题而来，那倒更不简单初步谈谈走走，似乎不难。若想起更进一步走，那就要你的本领，除照例一切条件外，你还要品学都过得去。只有追随之忍耐，美丽之姿态，而无翻译官之勇气，看护妇之毅力，亦决不成功。如此让人不痛快之学校，而你却反而争抢挤进，我们内心中或亦另有一种不为吾们落伍者所可了解之最高希求。若然，是苦恼乐趣之分，各人见解大有不相同者也。

　　行政方面，联大似又不见专长，因每逢一个缺出，大家争相躲避，即众人所认为的一个空缺，曾经空过一年。盖既想将公事，准诸教育原理，即勿想将等因奉此，工作作到佳境，更难求诸本人心性所安。若想将行政教育化，这恐怕仍是一种理想，非一般公事老手，专门行政者，目光所及到也。抑或此种理想，尚有待于这些外行家，来供策动欤？是吾渴望而希求者也。然则联大究竟是怎么回事？自己人既不明白，外边人亦不了解，是将终为一谜耶？抑或联大之所以为联大，就在此不明不白中耶？中国抗战六年之不可揣摸的精神力量，又何尝不是一般统计专家,战略名将,以及日本小鬼一个谜。

  总之,当此生活愈感艰难,利害变通得失之时,岂但联大师生被人看作为不识时务者,而各地同行,多少在昆同业,又谁不被一般漂亮家伙们笑为傻瓜。

选自《正义报》一九四四年二月十四日

// 我们骄傲是西南联大的学生

联大昆明校友会

我们非常骄傲是西南联大的学生:

西南联合大学诞生于兵凶马乱之际,一再播迁,终久停息于西南最大的都市——昆明。它的诞生虽说偶然,但无形中原就有一种传统凑合的力量;没有这种传统即使能够凑合,绝不能持久。这传统,就是北京大学的"自由"、清华大学的"民主"和南开大学的"活泼"。缺乏民主的自由,固然等于具文,没有自由的民主当然也不可能。民主与自由如果缺乏活泼的精神,必流于消沉松懈,但活泼的精神假如没有民主和自由的支持,蓬勃热烈的生命力也就无从产生。只有三者融合之后,才能相得益彰,而后有发扬有创造。

九年了,联大究竟造成了多少人才,究竟对国家有多少贡献我们实在无法用数字表达出来,也难用世俗的方法予以衡量。但是九年中,它却能维持一个学术的水准,它确实能维护着优良的研究学术的作风，而始终未尝低落或向坏的方面变更。这水准使中国在艰苦的战争中依然在国际上博得不少声誉，这作风保证了中国学术进步的可能。在各个部门都趋于腐化的这些年月里，对祖国的前途，我们永远不肯绝望，就因为有这一座学府作砥柱于中流，它虽然像日蚀时的太阳要被浮云所掩遮，而光明则始终未曾熄灭，永远保持着它普照的热力——那就是中国的希望。

我们非常骄傲是西南联大的学生：

在长期的战争中，联大的师生都生活在苦难的日子里，贫困笼罩着一切，营养的不良，衣衫的褴褛，书籍仪器研究工具以及居屋都是奇特的困难缺乏；憔悴、衰颓、疾病、死亡，世局国难的苦闷，社会的辛酸……这种种人间的不幸，不断地连续地打击在他们的身上，而他们依旧坚贞不易，在继续一个永远不会终止的工作——真理的追求。

我们非常骄傲是西南联大的学生：

多少人误解了联大，联大的外表是多么贫乏和零乱呵！然而，唯其贫乏，才养成一种刚毅自信的精神；正因为零乱，便产生自由独特的思想，这种精神和思想，虽然显得松懈，却蕴含着无比的力量和沉默自动的作风，在沉默中透视了事物的真象，并分辨出是非，益之以自动，所以在不期然之中，几年里曾经干过许多轰轰烈烈的事情——向贪官污吏进攻，向法西斯的恶势力宣战；联大的阵容是整齐而强壮，联大的师生的言行，不但突破了郁积的窒息，而且振奋了全中国的视听、人心。

我们应该骄傲是西南联大的学生：

联大是学术的权威，是民主的堡垒，这是什么力量在迫使？是什么力量在支持？不是的，这完全不是被动的，不是勉强，而是一种充溢的内在的浩气在警惕在策励联大的师生要去完成一个任务；这种充溢的浩气，正是我们中国文化的精华，它恰像西方苦行修道的精神。所以我们说中华民族的伟大，中国文化真正值得推崇的地方，便是这种精神，和对于这种精神的能够吸收和发扬，绝不如世俗所争道的在繁文缛节。于今，当精华快尽，民族活力被遏制得将衰的时候，硕果仅存的契机，是通过这座学府，让精华与活力能恢复而传递于无穷，中国的危机才能因之而得挽救。

我们怎能不悲愤？怎能不感到沉痛？面对着垂危的祖国，我们已看够了贪污腐化，看够了人民的苦痛和独裁作风的横行；我们正等待着胜利会给中国带来一些幸运，胜利会使中国走上进步的道路。但是直到今天，我们还没有得到这些。相反地，只是更加倍的贪污腐化，更加强了人民的苦痛和法西斯的倾向；胜利带来的不是幸运和进步，竟是毁灭！

在这样反动的时代，全中国都已被遏制得没有声音，联大当然也不容许例外；只是为了联大的声名和地位，在重重阻击之下，联大勉强保持了一点呼吸的自由。然而这种自由也不允许长久，恶势力的魔手，终因向民主堡垒挑战，威胁利诱都宣告失败，集团的屠杀逮捕便公开地在光天化日之下展开。军阀党棍利用武力和特务的支持，不顾一切法纪舆情，毫无人性的向我们的母校和母校的师生毒辣的进攻。我们找不出任何理由,可以原谅军阀党棍们这种无耻的兽行。这一个具有光荣传统的学府,不被爱护,反被捣毁;学府优良的作风,不受鼓励,反要予以摧残。两三千师生的生命没有保障,民族危机唯一的契机要被消灭。在暴力的前面,学术等于粪土,学府尊严完全扫地;自由研究、讨论被视作反叛,呼吁民主和平被当为异端。在暴力施展者的眼里,人应该都是驯服豢养的畜牲,人不应该有独立自尊的人格,暴力施展者希望人只有服从而没有反抗,希望只有盲信而没有怀疑,人顶好都是麻木不仁的动物。于是联大的精神,自然为他们所痛心疾首。他们相信暴力可以统治一切,暴力万能,暴力便依着次序由别的地方移到联大。

然而,联大不是这样驯服的畜牲,联大的精神与暴力者的希望完全相反。在联大里,自由研究自由讨论是教育主要的方法,尊重个性尊重人格是教育重要的目标。在联大里,没有强迫,只有诱导,没有盲从,只有信仰。联大存在于现实里,联大的师生绝不能无视现实里一切变动,联大的精神使每一个联大的师生绝不甘于麻木不仁,联大的存在和光荣的获得,既是依靠自由民主和活泼的传统,联大的师生绝不自私独占这全国人民所羡慕的传统,这传统必须普及全中国。联大是民主的堡垒,但这堡垒绝不能长期局限于联大的围墙之内,这自由呼吸的空气,必须散播全中国。

中国人民在痛苦中正在呻吟待救,中国的国运已濒于垂危,联大的师生已无法再沉默等待,对当前的危局必须提出主张、提出呼吁，没有问题的，军阀党棍们不能允许这类声音出现。

就在卅四年十一月廿五日，反动者于早晨滥用权力颁布禁止人民集会游行的非法命令，下午武装干涉联大、云大、中法大学及英专四校经常举行的时事座谈会。学生为了减少纠纷，临时把会场由云大转到联大。当晚的会正在严肃的空气中进行的时候，联大四周已被军警包围，交通已被断绝；枪炮之声大作，流弹横飞于会场之上，近万的昆明学生在悲愤的心情中俯地听讲，会议终于在反内战的歌声中结束。

廿六日的清晨，昨晚那一群纯洁爱国的青年和教授，在中央社的电讯中，竟被诬为土匪，这种限制自由诬蔑人格的无耻言行立刻掀起了学生的愤怒，昆明学生以行动争自由，以罢课向恶势力表示抗议。

我们郑重声明：昆明联大校友会站在公正的立场，秉爱护祖国爱护母校之忠忱，完全同意昆明学生这一个坚决的措施，并愿政府立即循合理的途径，采纳学生的意见，以谋解决。

然而，昆明军政当局的回答，不是调协，而是更残暴卑劣的手段：利用新闻，利用金钱，进行种种诬蔑收买分化的勾当；更进而指使特务沿街殴辱、逮捕为和平民主而工作的学生，并用"赤匪"一类词句来污蔑青年。

十二月一日这批伪善的"革命"军人政客，用了超越一切历史上暴君的凶恶的手段，大批军队特务分区地向各个学校同时展开屠杀枪击：我母校本部被手榴弹炸死一人，重伤十余人，轻伤不可数计，袁复礼教授也被殃及，校舍被毁；师范学院被手榴弹炸死三人，轻重伤数十；工学院也被捣毁，马大猷教授因劝阻也遭痛打，附中校舍也于同时遭到同样的命运。

如是一个争取和平民主的运动，在军阀党棍的主使下遂演变为一个惨案，就是"一二·一"惨案——这个惨案之惨酷，史无前例！在军阀党棍滥用权力滥用武器之下，法纪荡然，学府尊严，青年的血肉遭受牺牲，中华民族硕果仅存的一点优良传统，也要遭到迫害。

我们，昆明联大校友会，对这一惨案的造成，感到衷心的愤怒！我们绝不容许这恶势力继续存在，这种兽行继续滋长！我们悲痛，我们伤感，为了母校师长被殴辱，为了母校弟兄被屠杀！我们特别痛心中国走到民主的道路竟如此之艰难，不见于北洋军阀时代的事件都是今日演出，这充分地证明了没有民主没有法治的流弊，也证明了昆明学生运动的正确和必要。

然而，我们应该骄傲，我们是联大的学生。

母校弟兄姊妹们那种英勇战斗的精神，赤手空拳，不畏武器，不怕强暴，只为了正义和公理，敢于和军阀党棍搏斗；为了民主与和平，勇于牺牲。

我们，昆明校友会除了向母校的师长同学表示崇高的敬意之外，我们更增加了自信，我们要为这个伟大运动歌颂，我们也要歌颂母校这种震古铄今的精神；中国一定会进步，中国一定要民主，中华民族的活力依然充溢，联大的精神不仅暴露了反动势力的脆弱，联大的精神也恢复了民族的自信，惊醒了全中国人民，联大的精神已因这一个伟大运动的试炼而更有力量，更显得强壮而坚固，一切反动的势力都将因联大精神之发扬而消灭。昆明党政军这次罪恶的行为，只更凝固了我们，他们的暴力让正义和公理得到伸张的机会，这虽然不是军阀党棍所希望的，但他们的愚昧无知确实造成了这后果。

我们是骄傲的，我们亲逢这一个伟大的运动。

我们虽然兴奋，却不能欢欣，只能警惕。

正义和公理虽然已因暴力而得伸张，但这无疑是不必要的。正义和公理应该在和平民主的环境中发育滋长，军阀党棍们的暴力不仅违反了人道和人性，也几乎杀害了民族的生机。

我们爱好母校，爱好中国，绝不忍母校遭受屠杀迫害而不闻问，绝不忍军阀党棍毁灭民族生机而不抗议。我们，昆明的校友会，为了人道，为了民主与和平，我们不能不为"一二•一"惨案向全国同胞提出控告，对于这灭绝人性的兽行一定要予以打击。

联大的师生是坦白纯洁的，他们的要求是合情合理的，所有的呼吁都是一个国民应有的权利，所有的行动都是循规蹈矩的。联大的师生都在为民主和平而工作，这是全中国人民的希望，怎么可以任意加以"土匪"、"赤匪"一类的诬蔑？

我们昆明校友会认为党争原是一个民主国家的常规，党争应循适当的途径。一个有自信有前途的政党，应该用成绩的竞争来取得胜利，胜利绝不能自屠杀迫害和诬蔑中得来；一个有自信有前途的政党，应该用工作去争取拥护，绝不能自威胁利诱中得来。历史已为我们提出了暴力必然失败的无数例证，聪敏的政党绝莫再重蹈覆辙。

因此，昆明校友会谨向全国同胞呼吁援助，援助昆明学生这个伟大的运动，我们首先要求全国同胞能共同支持我们的抗议：

（一）国民政府应该公开严惩肇事祸首及指使者，前任云南省代主席及全省警备司令应负全部责任。

（二）国民政府应该切实保障人民集会结社、游行言论及民主国家人民应有之权利。

（三）我们要求政府应该确切保障学术研究的自由及尊重学府的尊严。

（四）我们要求新闻自由，对中央社一再蒙蔽事实，混淆是非，诬蔑学生运动等等卑劣电讯，实深愤慨。

（五）为了使党争导入正轨，内战能早停止，建设能早开始，民主政治的施行已经刻不容缓，执政党应竭诚还政于民，用行动来实践诺言。

能这样，昆明学生的鲜血才不是白流，中国才有希望。

我们，昆明校友会谨以至诚向全国同胞致最大的敬意！为了民主和平的实现，我们愿与全国同胞共同努力，誓作昆明学生运动及母校的师长同学的后盾。

昆明西南联合大学校友会谨启

选自《昆明一二·一学生爱国运动》，陪都各界反对内战联合会编印，一九四六年出版；又载于《时代评论周刊》一九四五年十二月十三日，该刊题为《什么是联大精神？》。

// 八年来的联大

吴 纪

一 在流亡中成长

一九三七年的秋季,整个中国还刚刚被战争惊起,大部人民,还没有感到战争的真正残酷;而平津的学生,他们早已由那个五朝建都的古城,纷纷南下了。他们有的经津浦,有的绕海,都向南方撤退。是的,很多,他们参加了战争,继一二·九的活力,他们加入民族自生的战争;也有很多卷入救亡的热潮中,在济南、在汉口,到处都有平津学生的热情,人流。

有一部更南下了,在长沙,北方三个著名的学校,北京大学、清华大学、南开大学会合了,三校的负责人决定大家联合起来,组织一个战时的学校。用三校的人力、物力,集合在一起,为国家保存下最高教育机构,为国家在战时训练各种人才。当时定名长沙临时大学,在开学时候,学生到校的只有几百人，后来渐渐增至七八百人。

学校定了，校址就成了问题。经过相当麻烦交涉，才借到圣经学校、湘衡中学为校址，后来连驻兵的第四十九标营房也成了校舍；文学院还有一部，就在南岳山上，工学院不能不借住在湖南大学。在长沙时间，虽然只有几个月，但在这几个月中创下了联大的精神，也奠定了联大这个战时学校的基础。

那时，同学们的生活是苦的：穿着军制服，黑棉大衣；吃的也坏，有些时候靠洋芋为生，但没有同学想到自己私人生活，一批一批同学离开学校参加了战争，参加了救亡，到北方去。即令在学校，时事讨论永远是把房子塞满的。后来战局逐步恶转，留在校的同学们再没法安心在学校读书了，有一个时候，连学校当局也感到学校是无法再维持下去。这时就有人主张学校搬家，于是更多的同学加入了战争、救亡，更多的同学到北方游击区去，留下决定随学校西迁的只剩下一半人。

一九三八年年初长沙临时大学开始分两路向云南搬移：走海路的，经过安南到昆明来；经陆路的，徒步三千三百多里，经湘、贵，来到昆明。那三百多人的队伍，由毛鸿上校率领着，饱经风霜，同土匪讲朋友，一步一脚，两月余的跋涉才到了昆明，而昆明等待他们的是更大的坚苦。

工校，农校，昆华，文林街大西门所有本地学校的校舍全被联大借用了，工学院借用了会馆，学校于是正式定名西南联合大学。那时，常常第一课教室在南，第二课教室在北；一到下课的时候，同学们，同着教授，一群群南北、东西奔跑，成为大西门一带的奇观。但同学们对时局的关心,是更热烈的;各种学术团体,各种壁报,云涌似的出现在学校。在大西门的附近,那时新校舍还是埋着枯骨的坟园,学校正筹备有一片自己的校舍,做比较长期的打算。

一九三九年联大才算开始走上了正规,新校舍有了雏形,同学各地赶到的也多起来。虽然生活的压迫开始压到同学们头上,同学们衣服开始破起来,饭费开始东挪西借;但没有同学不专心在自己课业,在国家的抗战,求知欲望,热情高升得不逊于长沙时期。一九四〇年一直到一九四一年春天,联大没有一天不在紧张热烈的生活中:自治会大选,各种团体,各种壁报,各种讲演,各种救亡活动,在这一段时间中是到了最高峰。那时,有几个教授只要他们一上台,那间供讲堂的房子会挤得没一点空隙;一星期七天,没有一天没讲演,没讨论会。各种课外活动挤满所有时间,深夜还全校在活动着;同样,对功课也没有一个人疏忽的。凤翥街、文林街的茶馆每天抢座位(那时学校中没灯),图书馆每夜长队等着抢书本,联大的重学术、重事实、热情、坚毅等各种学风就在这时间中建立起来了。

一九四一年缅甸战事失利,昆明到处浮动起来,联大也风雨不定,梅校委虽然一再说:"我一定最后一个离开昆明,你们不要怕。"但学校终于在叙永设立分校,同时同学们也因为全国战事的失利,政治的郁闷,生活的更形困苦,都渐渐消沉起来;联大开始由战时初期的活泼,热情,走入沉默,冷静,自治会在这时期等于不存在,各种团体都停止活动,各种壁报也停了刊。到校外做事的同学也增多起来，学校方面，也一天到晚为经费所困。

一九四二年，一九四三年，这两年中联大是平静的过去了。虽然在这两年中联大新舍，南院，师院，都被敌机狂炸过，虽然联大因为香港失守而为带狗事件曾游行过，虽然叙永分校取消了，但联大在这两年中是平静的，但都信梅校委的话："我们不能让别人关我们。"

一九四四年大四学生全部被征调做翻译官，虽然在学校曾引起一点小风波，但毕竟生活困苦压迫了所有人。而当这一批大学生调走后，国家的灾难，在八九月间，一天险似一天，全国的沉默一下被这灾难击破了。联大也开始，由近三年的沉默一下又热闹起来，自治会大选，揭开了这又一次活跃，壁报团体，开始又复活了。这次复活的活跃已不像从前，这次更沉着，接触的更现实，一直到一九四五年联大还在这次复活的活跃中。

八年，这个在战时组成的学校，就在遭贫穷逼迫，年青的活力温暖中，渡过了八年。在那衣服变旧，变破，变得消瘦，变得病容的教授们扶植下，联大过了八年，渡过了这次民族自生战争。

二　民主团结

没有团结则无从发挥民主的力量，没有民主则团结没有内容，没有力量。只有在民主的基础上求团结统一和发展，才能争取力量而且能坚持到底。联大原来是一个联合的机构，有三校的教授和同学，各有其特殊的风气，各有其特殊的传统，然而这些"风气""传统"也没有发生过冲突，反而截长补短，融合为今天的联大精神。上至常委会，下至学生自治会及各系会学会，都是在这样的原则上进行着。与联大同时成立的还有西北联大，但是他们仅联合了两年以后便分裂成四个单位，八年以来我们很少听见他们的声音。联大之所以有今天，联大之所以成为今天的"民主堡垒"，就因为我们能民主而又团结。联大的最高的机构是常委会，由三位常务委员共同负责。有人也许认为权不够"集"，然八年来没有发生过任何问题。我们也不曾景气过，以民国三十年到三十二年间，上至学习风气，下至课外活动，到处都是悲观，消极，不管和不合作。这两年算是联大八年中最不愉快的两年。此外前后六年间，我们一直表现着生动，积极，自由和进步的精神。当学校里有任何重大事件，必须得到教授会议的同意，在教授会议中，有许多不同的意见和争执，但最后必归到一个结论，发而为一个行动。我所说的只是就联大的主流而言，自然这里并不是没有卑鄙、腐败，但那只是少数而不是主流。

三　从课堂到图书馆

抗战开始了，四万万五千万人都在动着，四万万五千万人的观念习惯都在转变着,我们三千多师生由华贵的学府,走进窄狭茅舍,但政府给我们的课程、学习方法、课本以及教授给我们的讲义、笔记和指导,到今天为止,没有丝毫变化。然而宇宙间一切都随着时间在变着,尽管有人希望我们永远守着陈旧的阶段,或者钻到象牙之塔里,但青年人最敏感,最现实,在极端陈腐的空气中,仍然能够适应现实而转变。最近两年以来,我们的学习方向,有了很大的变化,一部分进步的同学,都能在新的逻辑、新的方法论之下研究现实,探求理论。在民国三十二年以前,我们见不着新的书籍,听不到新的理论;大多数文法学院的同学,都到线装书里钻来钻去。同学们所嗜好的是尼采、叔本华、佛学、老庄哲学、理学,乃至于《新理学》、《新世训》。回忆三年前,中国哲学史的教室里,总是内内外外,围得水泄不通。在历次的演讲会中,如果有人讲《红楼梦》、"内圣外王之道"、"儒家哲学",则在演讲开始前半小时,位子都被占满了。然而两三年来,一切都变了,前后相比,真有门庭冷落之慨。中国的哲学是享受的哲学,教授们是这样地在讲,我们也这样地去学。有的同学把整个的时间埋送在图书馆里,在旧的选辑之下,以享受的态度,吞吃着中国的哲学。有的同学却踏着按步就班的阶梯,上堂听讲,抄笔记,应付考试,不问现实的潮流,不管学习的兴趣,只希望出学校以后,做一个待遇优厚的银行员。有的同学因为不敢"面对惨淡的人生",不敢"正视淋漓的鲜血",又不敢合污同流,只好去学阮籍的猖狂,他们都发疯了。一部分理工学院的同学，也都以全部时间埋头在书本的公式上。八年以来，我们毕竟是在向进步的路上走。到今天，这些现象，都逐渐地被清算了。联大的学习风气之所以有今天，因为我们有自由和敏感，无论在任何路上去学习，都有选择的自由。无论国内外发生任何的重大事件，都能在学校里激起一时的反应。而这些我们自然也有很多的缺点。第一：联大的环境，比起大后方任何大学，都是较为自由的，但我们充分利用了这个"自由"吗？我们虽然有了自由，但我们是缺乏讨论。真理只有一个，所谓自由学习，是要以各种不同的方式，经过讨论研究和批判的阶段，达到一个正确结论。但八年以来的自由学习，我们得到了些什么？第二：不能实事求是，务广博而不专精。大多数同学都是常识方面的通才，对于各个部门、各种问题都能知其皮表，但很少人能用新的方法论对于某些问题钻到相当的深度。从校内的壁报上我们就可以看出，都是差不多的水准、意见和论调，几十种壁报中，我们很难找出有精辟独到之见的文章。

四　生活在苦难中

有人这样批评联大，说联大好在一个乱字，坏也在一个乱字。其实联大同学并不是"乱"的。你也许会看到他们的外表生活，就说他们是乱的，那是错的。

当你走进了新校舍，你看到并排矗立的尤加利树，你看到那些黑壁草房，你也许会说我们是太穷，那是对的——八年来，同学们就在这穷字上生活的。

　　同学们一进学校，学校就给他一个气氛，就说多看些书，别信一部分人的"真理"，到处全想想看，再下结论。我们是喜欢辩论的，在课室，在寝室，在食堂，在茶馆，只要因为一个问题提出来了，那辩论就开始了，而且辩起来各有系统，各有根据。你常会在一个墙角看到两个同学，静静的在谈，一个钟头两个钟头，你细听，他们在讨论一个哲学命题。没有人可以使联大同学心服，除去有学问的教授，除去书。

　　书在联大是件珍物，有些人读了四年书没一本书，为什么？因为买不起。你入联大就先得学会抢书，到图书馆中去抢。二三百人的大班，书不上十本，你说该如何读？联大同学相信活书，相信教授们的讲述，你别问那一位教授是同学喜欢听的，你只看那些听讲人好了。联大上课是不点名的，但是要讲的好，同学们即是在窗外站站也好。联大同学什么全不在乎，可是考试，就没有一个人不紧张。你别以为联大同学只在读课本，你只要到他们房中看看，你会奇怪，那些书你来分别他们的系别，那是不太可靠的。因为他们读书这一点是广泛的。但，话说回来，讲到物质生活，联大可谈不到。先说住的吧！男同学住的新校舍，那拥挤，那破烂是够的，女同学该好些，那不过因为她们人少。话也要说回来，现在可好多了，前几年是比现在更破烂的，现在在联大同学们当中有不少开始在室外种点花，调剂下屋内的破烂，但也毕竟是无办法。想清华园，大红楼，那是以后的事，现在总无法。有些人，在学校附近，成立个小"家"，当然名字上好听，事实好的，只是静一点。

吃，这可是惊人的。当昆明普通伙食几万的时候学校中仍然几千，女同学更少得惊人。但饭菜也不见得不能下咽，当然比起几年前那些同学是好多了，至少还没人看不见饭，每顿捡桶中残饭吃。大概许多同学愁的是早点，但真穷时，就多睡一会，省一顿。吃呢，以一碗面一百元。问题不是学校周围的小贩好说话，而是在这问题上同学们曾起过不少交涉。

梅校委说过，这几年学生穿的似乎好一点，先生们穿的仿佛坏了一点。这原因，是西南各省的同学增多，而且同学们课余在外边做了事，赚了点钱；男同学如此，女同学也如此。有些同学一件蓝褂，穿过春夏秋冬四季，有些也春秋全大换新装。在这一点上，同学们确实分别颇大。

我们全喜欢看电影，全喜欢旅行，可喜欢运动的并不多。每年的体育会就是证明。尤其那一家电影院演了一张文艺片，即刻就轰动了全校，回来了，大家批评，大家辩论。其实，那一张片子也许人家认为是冷生意。音乐并不通行，为什么？又是经济问题，没钱学不起，哼几声小调，又不怎么够味。最普通的娱乐，我告诉你，在联大，是泡茶馆。三两个人，泡几杯茶，口袋多点钱就买点花生米，谈古今中外，可以消磨几个钟点；当然不少人喜欢玩"桥戏"，于是系统，就在茶馆中争辩玩。当然也有人喜欢逛书店，地摊，但并不多。

同学之间的关系，在联大可并不亲切，常常一系一班，毕业还不认得。但一提起也就成了密友，无所不谈。男女之间，可不见得开通，至少两个人在一块一久，就有人在旁边说些特别话。但毕竟我们还保存了点北平学生风度，只要遇到同学的事，一提学校，常会团结得很紧。这可是不容易，在学校中那可不成。

联大近有不少那种安排自己生活很好的人，不同别人往来，一两个人成一个小团体，由入学到毕业没一点变化。他们不与别人来往，也不愿别人打到自己的小圈子中，自己在这个圈子中处得很好，但这些并不多。

还要说些什么呢？我要说，联大同学苦了八年，他们就要愉快些了，清华园、大红楼等着他们。

五　我们在社会上表现了些什么？

八年以来，联大先后毕业的同学以及中途退学走进社会的，至少在六千以上，其中大多数从事于中等教育工作。在云南的每一个角落，甚至穷乡僻壤的学校里，都找得出联大同学。一部分服务于各政府机关，一部分当了银行员或税务人员；缅战以后，有不少的人，从事于前线和后方的翻译工作，还有极少数的人在后方各都市守着文化工作岗位。我们渗透到社会的各个部门，然而我们给了社会些什么？而社会上对我们的反应又怎样？对于前一个问题，我们把民主的作风、青年的精神带进社会，在反法西斯阶段里，我们不能抹煞我们对于社会的影响；但我们并不满意，许多方面我们做得太肤浅，太不深刻，没有使他生根成长结实。单拿云南的中学而论，五六年来，差不多任何一所中学，都有联大同学；整个云南的中学程度虽然比以前提高了些，但距离理想的程度，甚至比起战前其他各省的中学程度都相差很远。我们联大同学不能不负一部分责任。有的中学同学，也许学会写篇新诗，学会写点文艺小品，但一般的自然科学程度，实在差得不堪设想——这对于每一个从事中等教育的联大同学，是应该深自猛省的。对于第二个问题，据社会上一般的观感，大多认为联大同学的作风，第一：工作能力很强，对任何工作都能胜任愉快。但第二：他不能持久下去，这山望见那山高，随时想换工作岗位，随时想跳工作部门，没有忍苦耐劳的性子，没有实干苦干的精神，所以有人批评联大同学说："可以作一个开路的好先锋，不能做一个坚决于工作上的好干部。"有许多机关，常常就因为这种原因，而不欢迎联大同学的。第三：是个人主义的作风太浓厚，就因为这种作风，常常表现为对长官傲慢，对同事不合作，结果弄得人事有问题，四面楚歌。这对于一个刚进社会的青年，自然是一种打击。在这极端官僚化的中国社会里，我们年青人自不宜向腐败屈服，但我们又必须在这样的社会里生活、站稳乃至改造，因之对于那些传统而曲折的处世哲学，也不能一概抹煞。

六　用什么来纪念这学校

上面我们说得太好了，我们并不要自相标榜，而是在这样的政治压力下，在这样的社会风气下，我们虽然只能闻着一点自由的味道，我们仍然觉得难能可贵。联大已经联合了八年，今年的校庆，也许是联大的最后一个校庆。我们回顾八年真是一半辛酸，一半兴奋。我们再展望今后的祖国，更是一片艰苦，际此时会，我们拿什么来纪念联大？我们所希望所理想的很平凡，我们只希望以发扬自由民主进步的联大精神，来纪念联大；把联大精神带回北大、清华、南开，带到每一个中国的大学，用自由民主进步的精神来建设我们的新中国。最后我录焦菊隐先生的一段话，来作本文的结尾：

"……要想叫大学教育重新得到生命，科学的，民主的，自由的，革命的精神，必须在大学里复兴。所有寄生虫，扒手，卖野药的医生，必需肃清。课程学制，教授和学习的方法，必须彻底改造。为人类光明的前途而努力的目的，必须确定。一切硬皮、烂鞋、脚布、麻醉品，必须消灭。

为了人类自由而幸福的前途，我们急迫而狂热地要求一个自由的大学……"

选自《民主周刊》一九四五年第二卷第十四期

// 战时高等教育的纪念碑

张生力

与抗战相终始的西南联大,已于"五四"在昆结束。北大、清华、南开三校,即将迁返平津,光复旧业。从其南迁到北返,为时将达九秋,该校之往事可采,吾人之记忆犹新,爰述其概略,藉供参考。

谈到西南联大,不乏毁誉参半之词,见仁见智,记者姑不置议。而其艰苦与成就,则在战时高等教育中,留下了一个"五色交辉"的纪念碑。

旧创新痛　交相煎迫

联大学生,泰半来自战区,经济困难,生活艰苦。而昆明物价之高昂,常为全国各地冠。彼等生活在"驼峰"式的生活指数下,多借贷金、工读、兼差等资助,以求学业之竟成。衣腹不全,谈不到日常营养。身心交困,更难让研究风气加强。联大来昆之初,学生多在各校兼任教职,继而扩展至各机关团体,继而扩展至工厂与家庭,但以僧多粥少,向隅者仍众。乃至有兼放昆市午炮者,事虽传为佳话,用心则已良苦,这种无孔不入兼差方式,益使彼等体认到都市生活的黑暗面。旧创新痛,交织于青年身心,益以最高学府之中,言论集会研究自由,彼等对未来富有理想,对现在具有敏感,对过去不易忘怀,故常有不平之鸣,与正义的呼声。或表现于壁报,或表现于集会,或表现于宣传游行。毁誉参半之词,殆即因此而遭致。所谓"联大学生好事",殆可由此而获一解释。至于别有用心的政治活动,姑不在此论列。

西装革履　状似要员

联大文法学院,初设于滇南蒙自。彼等到达后,当地士兵见其西装革履,疑为中央要员,常向彼等立正敬礼。该县产藤杖,价廉物美,联大学生,人各一枝,益足以表现其"要员"风度。该校女生,系取道广州、香港、海防入滇,从香港带去的奇装艳服,尤使当地民众感到惊异。甚至有顽童包围女生,俯视旗袍之内,是否尚有衣裤。其风气可想而知。女生宿舍系租用当地首富周姓住宅,而其自修室则在城外。女生每晚结队回宿舍时,必由校警武装护送,以免受轻浮者的嘲谑。其地物价极低,风景颇佳,人们生活均甚安闲。联大师生,从炮火的威胁下，进入到这个静而且美的境域，有些人颇感静的苦恼。武汉大会战前，"象牙之塔"里的女生，在蒙自留下一门亲戚。或曰："这是联大开张志喜。"

谈到联大学生在昆八年的生活，自然不乏风雅逸事。但其中多为悲剧、喜剧和闹剧。彼等来昆之初，不明昆市习尚，男女同学挽手并肩行经市区，警察视为有伤风化，当街罚打手心，是一喜剧也。男女同学因恋爱问题，而致双双服毒自杀者亦有之，是一悲剧也。联大初成立时，校舍窄，电灯少，学生无地自修，群上茶馆抄笔记，做练习，或作桥戏，或摆龙门阵，高谈阔论者，旁若无人。切切细语者，如坐密室。一室之内，各有天地，一桌之隔，动静迥殊。凤翥街、文林街的茶馆，虽因需要而大增，但以往来无鸿儒，顾客皆学生，淡水交易，获利颇微。至于说情说爱者多系廉价的应酬，一碗米线或两个烧饵块，食之津津有味，男女皆大欢喜，其中自然不乏闹剧。

点的滋生　线的蔓延

滇缅路重开后，昆明风气急剧变。其后美军来昆，中印空运频繁，昆市生活日益昂贵奢侈。这在精神物质上，均加深了对于联大学生的威胁和苦恼。掮客与"国际路线"从点的滋生，渐成线的蔓延。联大学生既非信男善女，难免不受其影响，影响所及，为数虽极微，外界含沙射影之词，亦使夸耀联大精神者,难辞其为"莫须有"。联大学生,认为此系该校丑剧,乃向校内"国际路线"者,作鸣鼓之攻势。冷嘲热骂,传单四出,其风渐煞。

滇西反攻战开始后,昆市舞风渐起,至目前而大盛。在私人舞会中,固可常见联大学生,而其出入营业舞场者则极少。该校女生宿舍附近,有时可见迎送舞伴的吉普车,只足以引起一般人的注意而已,少见由此而多怪者。至于男生中的掮客,虽然未被一般人所注意,但与彼等谈及兹事时,内心亦甚苦恼。掮客的对象,多为美军及其有关人士。交易的物品,多为买卖美金、美军用品、中国特产或土产。这样的人物,即在联大的最后两年中,亦不过百分之一二而已。

空袭时期　一日数惊

一九四一年以前的联大,学生活动范围,多侧重于校内,其时的特点为球赛、壁报、讲演会、座谈会。老牌的北大学生,虽对体育不感兴趣,但亦常相告语曰:"只有体育不能马虎。"是乃受清华之赐也。其时来自华北及港、沪及南洋的学生,运动兴趣甚浓,技术亦较优。在马约翰教授的领导下,常获市运会冠军。滇缅铁路紧张时,昆市受空袭威胁,不特校内的课外活动因而沉寂,连上校时间也一度改在早晚。一日数警,师生情绪颇不安,美军来华后,联大学生出任译员者数百人,其后更踊跃投到青年军,联大精神至此又为之一振。抗战胜利后，国家仍多难，联大亦多事，最显著者为"昆明学潮"。近半年中，市区内仍常见联大学生充当报童，散发或出售自己的宣传品。该校训导长查良钊，至此也感到"欲哭无泪"！

三位常委　情同兄妹

联大于二十七年"五四"在昆始业，至三十五年"五四"在昆结业。北大、清华、南开三校，既有不同的历史与各异的学风，而能在此八年中，苦辛支持，合作无间；这不能不归功我联大教职员，尤其是三位领导人——蒋梦麟、梅贻琦、张伯苓。有人把联大赞作一个大家庭，把三位常委比同三兄妹。蒋常委办外交，梅常委主中口，张常委专驻陪都，担任联络，协助联大的外交内政，办外者放得开，主中口者收得拢，交相为谋，相得益彰。北大虽为"五四"精神的摇篮，而新生的联大，仍如"五四"前后的大家庭，其中不乏新旧思想的矛盾。蒋常委对师生谈话时，一则曰赛先生，再则曰德先生，这仍是"五四"运动所努力的途径。故在这大家庭中，还有"违千夫之诺诺，作一士之谔谔"者，卒能兼容并包，"同无妨异，异不害同"；所谓联大精神，殆即在此。联大之所以能和合八年而未分镳者，恐亦因此而致。

风雨晦明　攀登峻岭

谈到联大教职员的生活,在过去八年中,并不是在柏油马路上,与国难商人同看风云;而是与战士们肩负着同样的任务,在风雨晦明中爬登峻岭。所谓物质生活,除吃粉笔灰外,多系卖文、粥字、刊刻图章、特约讲演,或出卖衣物,或向亲友借贷,至有特殊办法者为数颇少。所谓精神食粮,除一部分劫后余书外,有时只能以美国军中文化的遗物,当作水果来欣赏。教授们在这种情况中,纵然感到加于身心上的气压太高,仍少见其放下权充手杖的教鞭。与其说是为了今天而生活,倒不如说是为了明日而行进。这一点,也足以表示联大精神。

结业之期　竖碑纪念

关于联大精神与联大生活,记者所知,略而不详,故只能作粗浅的报告。该校结业之日,曾立纪念碑于校内。碑文出自冯友兰教授之手笔,堪称历史文献之一,兹特引述该碑铭词,以作本文结语,铭曰:

"痛南渡,辞宫阙。驻衡湘,又离别。更长征,经峣嶸。望中原,遍洒血。抵绝徼,继讲说。诗书器,犹有舌。尽笳吹,情弥切。千秋耻,终已雪。见仇寇,如烟灭。起朔北,期南越。视金瓯,已无缺。大一统,无倾折。中兴业,继往烈。

维三校,弟兄列。为一体,如胶结。同艰难,共欢悦。联合竟,使命彻。神京复,还燕碣。以此石,象坚节。纪嘉庆,告来哲!"

选自《申报》一九四六年五月十四日及《一四七画报》一九四六年第四卷第六期、第七期

珍重,联大!
——记一个八年合作的奇迹

田 堃

> 怀着爱国家的心及重科学、重民主、重学术的精神北上吧!
> ——蔡维藩教授语

"联大是五四开课的,刚好又在五四这一天结业。"汤用彤教授这样来谈到联大。叶企孙教授接着说:"我们要争学术独立。"蔡维藩教授说:"从今天起开始分家。"梅常委说:"他们三个是为了一篇文章,正代表了联大精神。"

当我踏进新校舍的大门,我有点伤感,八年这一个与昆明结了不解缘的学校,它要走了,要回到有北风的北方去,我问一个同行他有什么情感,他同样也说像昆明走了个太熟的朋友。

新校舍的壁报墙上，又出现了各种为这个纪念写的壁报，那上面告诉我：由二十六年到现在，这八个年头中，联大曾经过那些光荣，那些困苦，那些抑郁；也描写给我八年前没有新校舍时的住宿拥挤，上课赛跑。但联大仍然是联大，不愧为清华、北大、南开的弟弟，不论八年来，昆明经过多少风风雨雨，联大如它大门前的犹加力树，仍然洒落的长竖在大路的开端。

在结业礼上，三校的代表互相珍重感谢，向昆明、云南父老告别，但八年来三校负责人，得到一个公共的教训："联大证明了合作的意义，也证明了合作的需要。"北大代表说："这是小型的民主精神表现。"清华代表说："此联合精神对全国学术有大帮助。"南开代表说："这是友谊合作而来，是一段忘不掉的历史。"

在结业礼上，《联大进行曲》合唱起来时二十几分钟歌唱里，有困苦，有抑郁，有哀痛，终于最后激昂的唱出"同艰难，共欢悦，使命彻，神京复，还燕碣"。我看到那些两旁拥挤的联大同学，同那些八年来没离开这些学生寸步的教授们，他们都笑了。

我又看到，在刚修好的死难四人墓园里，联大的校友们虽然因雨只有十几个人参加公祭，但他们在雨中是有说不尽的心情向死了的人诉述，一个简朴的花圈，三个无声的鞠躬，这是最后一次的告别吗？

同时在四人墓的左侧，一个丈长高的石碑，由四校的校旗里第一次公开了它的面目。我读着它的正面，上面告诉我："内树学术自由之规模，外来民主堡垒之称号。"我读着它的背面，那里镌刻下八百余个人名，这八百多个年青朋友，曾在前线上，有替家国出力，而且有几个已经殉了难。

雨落起来了，在那广场上，数千人排的人墙，让"开未拉"为昆明永远留下一个纪念。这时节历史上将走下一行：三十五年五月四日，西南联合大学分校纪念，谁来读那历史呢？雨下的更紧，雨点打在人脸上，人都没动，等照相师最后摆过手。

"珍重，联大！"

我像听到昆明空中有人在叮咛，同时我眼睛盯在一棵大树上，那里有联大附中写的笔话很幼稚但有力的标语："大哥哥，大姐姐，把民主带到北方去！"我路过南区教室，听到有学生在商讨出发路上的组织，我想同他们摆手，但我加急了步子。

选自《云南日报》一九四六年五月五日

// 惜别联大

康　纳

联大，你是昆明的民主堡垒，你是全国民主运动的号角。现在，你终于要北返了。你曾经从烽火弥漫的北平，播迁到长沙，又浩浩荡荡的作了三千里的长征，栖息在这四季如春的昆湖之畔，于今九个年头了。九个年头，在无限的时间之流中，是多么短小，而你联大却继承了北方三个学校的精神，给中国的历史写出了光辉的篇章。

人们当不会健忘，联大初到昆明的时候，是怎样的因陋就简，然而，龙翔凤翥，终于孕育出一朵中国民主力量的奇葩。人们当不会健忘，联大初到昆明的时候，昆明是相当的寂寞，然而，今天，昆明已成为所有未沦陷过的大城市中的民主策源地。人们当不会健忘，联大初到昆明的时候，团结抗战的高潮正在继续上涨，然而，今天，抗战结束了，法西斯反动派却不惜破坏和平民主的局面，利用美制军火在向着人民进行内战。联大,你从艰苦抗战中生长,然而,你却在内战扩大的危机中北返。

联大,你不会忘记昆明人们对你的怀念,你不会忘记你给全中国人民吹起过为民主而进军的号角的吧?

世界已走进了人民的世纪,中国正跨上民主的道路。可是,在世界的范围内,世界分裂主义者,战争挑拨者,还在继续掀动反苏反人民的逆流,继续散播新的战争种子,继续玩弄阴谋,企图把世界从国际民主团结的道路上拉开,而导入世界各国分裂敌对的歧途。美国陆军次长罗亚尔曾发表演说,鼓吹新的战争,杜鲁门总统的参谋长李海访问英国,据说是和英国讨论划分太平洋上英美的战略岛屿和实行军事合作的问题。美国孤立派胡佛利用粮食的发给来进行其反动的政治企图,美国对各国的贷款,乃是以之作为经济上控制各国政治的目的。一句话,最近国际上许多事实都说明了一点:反人民的阴谋家是永远不知休息的,一直在制造问题,挑动新的战争。

在国内,由于国民党反动派之企图继续一党独裁,不惜进行内战。自从国民党军队进入长春以后,全国人民所期望的和平谈判,毫无举行的迹象;反而,一片内战扩大的杀机浓重的笼罩在人民的头上。蒋主席函马歇尔特别以中共承认政府接收东北主权、恢复交通为谈判前提条件,这是说,东北的局面还是打。同时蒋主席在北平又曾经勾留了几天,分别接见党政军的高级负责人员,并于返京途中,在济南停留了四个钟头,召集各部队中上级干部训话，分别接见何思源等，及各部队师长以上人员。这一些，又说明了华北的局势非常紧张。而且事实上，北方的内战的信号已放出来了。五月二十九日北平中共新闻机关解放报及新华分社，被北平市当局非法封闭；驻北平十一战区司令长官部曾经给其部属密令一件，进攻冀东，而且已见诸行动。内战由关外逐步蔓延到关内，已是一触即发。

整个世界需要和平，而国际的反动派却是战争制造者；全中国需要和平，而国民党反动派却配合着国际的反人民的逆流，进行着扩大的内战。

联大，你是在这种严重的国际国内局势中北返的啊！

联大，你不会辜负了过去北方三校的光荣传统的罢，你不会辜负了抗战八年中所尽的任务的罢？

北大，在五四运动中，屹然立于时代的前头，领导着全国知识界为反对和国内封建势力勾结的帝国主义而斗争。同时，北大又是确立大学学术自由之风的。在他里面，培育出不少学者、战士，在他里面，播散了民主思想的种子。北大，是中国新民主主义思想的摇篮，是中国青年学生热爱祖国、追求民主自由的象征。

清华，他并没有沉迷于洋气熏陶中，在一二·九时代，是北方乃至全国学生界的先锋。一二·一六的大游行示威，清华学生是主要的骨干。在那花木扶疏的清华园里，活跃着不少战士。到今天，他的学生和全国大学的学生一道，驰骋于为民主而斗争的战场上。

南开，在过去是天津学生界的领导者。她一样的和北大清华有着光荣的历史。

这三个北方大学的伟大民主传统，联大继承了；其英雄的斗争精神，联大继承了。从联大成立起，她就在抗战烽火中尽了民主先锋的作用。

由于内战的岌岌不可收拾，由于一党专政的政治弄得天怒人怨，一九四三年起联大打破了皖南新四军事件以后的局面，他异常活跃了起来。在我们西南大后方，民主的力量被压得不容易抬起头来。然而，在联大，她奋勇的喊出民主的声音，一九四四年双十节及护国纪念日的大集会，一九四五年的五四大游行。当这些消息传播到全国时，人们是多么的欢欣鼓舞啊。她的英雄行动，振作了人们的意志，推进了民主运动。

而最使人永远记忆的，是一二·一运动。十一月二十五日晚的枪声，谁能忘记？一二·一四烈士的惨遭屠杀，谁不伤心泣血，愤怒填膺？国民党反动派的凶残无耻，明白的烙印在人民的心头。

自一二·一运动以后，全国反内战高潮汹涌澎湃，一发而不可遏，这是联大的光荣历史。他发扬了五四、一二·九的伟大传统！

因而，在联大行将全部北返之际，特别是昆明的人民怎么不有依依之感？

联大,你不能不离开昆明了。华北内战的烽烟正在四起,北方的青年和人民正等待着你。你面对着一个新的形势,你的任务更要艰巨了。

北平,在抗战前,她是全国民主运动的策源地,国民党反动派特别在那里安排了宪兵十三团,是镇压人民及爱国青年的最凶狠的刽子手。北平,在抗战前,有着十万大中学生,有着许多热爱青年,追求自由民主的教授,那时候,北平是国防的最前线,由于七七抗战,二十九军的撤退,北平让给了日本帝国主义者。一直过了七年,青年学生及人民受尽了敌伪的凶暴镇压,谢天谢地,日本投降了,北平的人民以为可以致力于和平民主建设的大业,可是胜利灾荒带给了青年和人民以无边的痛苦。窝窝头几乎成为每一个人的主要粮食,(自然,得除了那些接收大员及"地下工作者"在外)。而特别使人民胆战心惊的是特务人员的无恶不作,北平的大学生常常受到这般人的无理压迫。国民党反运派知道得很清楚,青年学生总是民主运动的急先锋,他们为了继续一党专政,不得不变本加厉,比过去的镇压政策还要凶暴残酷。而联大恰巧在这个时候北返,则在联大为民主而努力的同学们,必须倍加警惕,努力加强于锻炼战斗,为民主而战斗的精神及意志,准备去和北平的青年并肩奋斗。

但这一奋斗,是艰难的。没有足够的勇气,没有坚强的意志,就经不起反动派的镇压打击。目前,联大的同学们正在回乡和就业的当中,力量分散了,固然是一个不利的条件,但借此机会，多深入各种环境中去，更努力于民主思想的锻炼，以备将来的应对，却不是得不偿失之事。

北平的风沙是可爱的。联大的同学们，当你们再握手于沙滩及清华园时，你们一定会油然记起五四、一二·九的精神，会翻腾起一二·一的伟大精神，希望你们在北平，那文化的古都，被胜利前弄得疮痍满目的古都，更响亮的敲起民主的战鼓！

"人生何处不离群，此路千戈偕暂分"，联大，别了。不久的将来，我们将听到你从北国风光中传来的令人兴奋的消息。昆明的人民会和你一道为民主大业而努力不懈的。

选自《民主周刊》一九四六年六月八日第三卷第十三期

// 惜别联大

云南日报社论

与抗战相终始的国立西南联合大学,于昨日(五四)举行最后结业典礼,自这天起,联大结合的三个单位——北平、清华、南开三大学,开始离滇京上,分别赴平津复校。我们全滇同胞,尤其是昆明的同胞,八年来与联大师生,朝夕相依,情感沉瀁,今天握别了!一声珍重,万里依依!临别赠言,能不黯然!

结合成联大的三大学:北大是民主的堡垒,清华是科学的渊薮,南开是教育的典型。本来各有各的历史成就,各有各的教育作风,四十年来先后支持着中国的文化阵容,培拥着中国的民族新生。抗战军兴,三大学合并南迁,万里迢迢,终止昆明。八年来始终合作,写下了伟大的文化抗战,文化动员的史迹。这就整个的困难意义上说,它是中国历史上的第三次民族大迁徙;但是进一步,就文化、教育本身的意义上说,它真可说是中国甚至于世界史上大规模的文化蒙难了！中国社会五千年来，始终靠士大夫阶级支持着。这是一着胜利的棋局。士大夫阶级到今天仍是民族的潜力。日本侵略中国，毒焰遍及南北，却放走了这一批文化集团。胜利之局，就决于此。这一个历史使命，昆明何幸竟得完成它的地理环境。昆明的能成为抗战基地，在抗战史上的地位，几乎驾蜀蓉而上之，是联大选择昆明呢？还是昆明选择联大呢？这是我们惜别联大，谢谢联大的第一点！

云南居西南极边，重山叠岭，凄雨烽烟，"五月渡泸，深入不毛"，汉丞相的《出师表》令人多么生畏，文化落后不可讳言。虽然□□终以还，护国护法，义帅四出。而省内文化、经济仍十分贫乏。联大集合全国文化精英，老师宿儒，将黄河流域、长江流域的文化硕果，带到了云贵高原。有东晋的南迁而后又六朝隋唐的文化结晶。有南宋的南迁，而后又明清的文化精进。现在联大的南来，它赐予我们云南的文化的灌输、熏陶，表面的成就固已深深值得珍重。而风声所及，孕育培植，其影响有不可想像的成果。其间如师资的借重，地质、矿业、人口、语言、农业的科学的调查，县志文献的纂修，水利、工业的开发，这些都曾有伟大的表现。这是人类互助合作的精神，也是文化潮流的作用。抗战促成中国的长治统一，却更促成了中国文化的团结。昆明承受了这伟大的文化南向的主流，这是多么的幸运！这是我们惜别联大，谢谢联大的第二点！

"民主""自由"是现代历史的主流。这精神，这风度，理论的实践，就靠了学校的示范。北平是"五四"运动的发源地，联大集合三个作风不同的大学，见仁见智冶于一炉，八年合作，始终保持着自由、民主、合作的学术气氛，始终保持着类似剑桥、牛津的风气。这种伟大的学术风气所给与我们西南青年的影响，只要我们善于接受，善于应用、发挥，其力量是不可限量的，西南人忠诚朴实，北方人恢廓大方，东南人活泼机警，我们云南青年，八年来就受了很多的取益。这是我们惜别联大，谢谢联大的第三点！

联大南来是非常时期中的非常事件。我们今天惜别之余，回忆前尘，又不禁深深地可惜八年的时光真地太短，去来匆匆！我们觉得历史赐予我们宾主们的机会太巧也太好。可是我们云南同胞却并未能充分利用去接受嘉宾的厚贶，且于地主之谊更未能尽其万一，坐使此非常的赐予而以匆随非常的局面一旦消失！今日检讨之余，于此倍觉神伤！

别矣！联大的师生们，地北天南，八年往事，过眼云烟，我们的精神永远接触地依着，情感永远联系着！珍重吧！前途珍重吧！

选自《云南日报》一九四六年五月六日

// 胡适双十话北大

佚 名

国会街的北京大学第四院门前交插了两面同样的国旗,跋涉三千里来的与在北平受了八年苦难的学生,菜色的脸上同样兴奋地在出出进进。迎门的欢迎胡校长的标语是要求学术自由与思想自由,那屏风似的大壁报的尾声上写着:纪念双十节要——

"打破士大夫阶级的可怕的冷静。"

"宣泄几十年来在统治阶级下的苦恼与怨恨。"

三十五年的十月十日准十时,大礼堂——过去的"民主会场"——楼上楼下都坐满了二十岁左右的学生。一阵嘶哑的铃声摇过去,教授们在台的两旁入了座,两个同样的国旗交插的台上出现了长袍马褂的胡适校长。没有任何仪式,大家安安静静地坐着,他站着便开口了:

"今天是三十五年的双十节,我们举行一个开学的仪式,这是北大的传统作风。"

在内战的阴影笼罩下，在举世民主斗争的阴影笼罩下，胡适校长掀开了北大四十八年的历史，他称为"说几句家常话"；是一位考据教师用半世纪来的历史混合着诗人的感情与外交家的声音，像最复杂的交响乐似的，他说了一个半小时。时代的小儿女们有笑声，有掌声，有唏嘘，有愤怒；更有时是眼睛朦胧了：有的用愤怒之火烧干了，有的眼泪直向心里流。

胡适校长的"历史的叙述"我要记在最后，最主要的应当是他的"梦想"。今日的北大比"联大"大了一倍，比旧日北大大了三倍，他说："我只作一点小小的梦想，只想使她成为一个像样子的学校，成为一个全国最高学术的研究机关，使她能在学术上、研究上、思想上有贡献。这不算是个太大的梦想罢。

"就是这样卑之无甚高论的两个方向：（一）提倡独立的，创造的学术研究，从理、文、法到农、工、商，从社会科学、自然科学以至应用科学（记者注：这是蔡先生的传统，以全学校讲，理学院为首院，以文学院讲，哲学系为首系）；（二）对于学生，要培养利用工具的本领，使他作一个能独立研究，独立思想的人。"

胡适校长说到这里自作疑问号："你们大门上贴满欢迎我的标语，要求自由思想，自由研究，为什么我要你们'独立'而不是'自由'呢？要知道，自由是对外面的束缚而言，不受外面势力的限制与压迫，这一向正是北大的精神。而独立是你们自己的事，不能独立，仍然是作奴隶。我是说，要能不言从，不受欺骗，不用别人的耳朵当耳朵，不用别人的眼睛当眼睛，不用别人的头脑当自己的头脑，我提倡你们应有走独立的路的工具。"他于是大声道：

"学校当然要给你们以自由，但是学校不能给你们独立，独立是你们自己的事。

"我是一个没有党派的人，我希望学校里没有党派，即使有，也如同有各种不同的宗教思想信仰自由一样。你可以是国民党，可以是国民党的左派或右派，也可以是共产党，是什么各种各样的党派。但是学校是学校，学生要把学校当作学校，学生也不要忘记自己是在作学生。"胡适校长用手指轻轻地叩一下讲桌，他的眼光从眼镜片中射出来，认真而坚定。到北平两个月，他比初来时略胖了一些，而头发的斑白也大为减少，谁能想到他差四岁就是六十的人呢？

"我们没有政治上的歧视，但是先生们及学生要知道，这学校是作人作事的机关，不要毁了学校，不要毁了这个再过多少年不容易重建的、不惭愧的学术机关。

"学生们不要忘了自己是学生。我们有句俗话，越想越有至理：'活到老，学到老；活到老，学不了。'我五十六岁了，我才知道这句话的深刻。我批评中山先生的知虽难行易，就是怕武断、专制、愚昧的去行。我现在要作小学生，昨天还有人问我：'你是安徽人，你知道安徽主席是谁吗？'我说不知道。我真是要作小学生，不是规避。（大笑）

"我想起七百年前朱夫子同时的吕祖谦，他的《东莱博议》上有八个字，我要念给诸位听，那就是'善未易明，礼未易察'。"

胡适校长的讲话到这里终止了。我们转回头去，再记他的"四十八年校史"的分析。他是分为五期来追叙，他指出这四十八年来是中国的多难之秋，有着多少可纪念的史迹：

"第一期是戊戌变法到民国四年（一八九八到一九一六），那是所谓京师大学堂时代，所谓官僚养成所。其实她还是革命思想的中心，是革命的同情者，得到满清与袁世凯的猜忌，民国二年一度开不了门。

"第二期是革新时期，从民国五年蔡孑民先生来校到国民革命为止（他环顾左右里今天到场与先生同事的不过一二人）。蔡先生不是有口才的人，也不是笔锋上带感情的人，他的口才呐呐，写文章不过三百字；可是他能以学术为目的，我们来剥夺了他的权，他反而高兴。他真是大公无私，他能给别人以权力，他信任别人，他配作领袖。就在这个时期内，有了五四运动，思想革新，文学革命。这时候，除了山西大学以外，只有我们一个大学，而预科也只有我们一个。虽然各种方面都不够，但外面的猜疑与忌妒使蔡先生几次要去职，幸赖他的弟子蒋梦麟先生参加，冲淡了军人与政府对蔡先生的误会。北大这时，虚名大，但实不符名。直到国民革命前夕，有的离开，有的留下的，教授与学生，很牺牲了几位。

"第三期是过渡时期，许多同事都留在南方。从十七年起，北大就没有了，我们不作政治工具，北大成为北平大学区的一个学校。许多人要恢复，我说，我不热心。历史上的人物是不能不死的；就算死了，也没有人能取消这一段历史，埋葬这一段历史的。

"第四时期是中兴时期，二十年一月，蒋梦麟从教育部长台上下来了，我正为了编辑委员会到北平来。这时各校教授正作'有系统的缺课'，我们请蒋校长回来，由中华教育文化基金会找到百万基金，为北大设了二十二个研究讲座。这时候，理学院及法学院来了新院长，除留一二位之外全换了。全国的名教授集中北大，就是这时奠定了基础。蒋先生说：'辞旧人我来作，新人你去找。'这对北大真是伟大的贡献。"

胡校长提高了声音，非常有现实感的大声说：

"我们自一月忙到九月，定十七日开学了，第一天很高兴，第二天我们就知道九一八了。我们知道这不仅是国内的，而且是国际性的，我们不能安心了，但是蒋梦麟先生很镇定。长城作战的时候，朝阳门外三十里就是战争，可是我们没有动；就在战争威胁之下，我们却认真工作了四年。除了聘请教授讲座的余款，我们还盖了三所大房子，即新学生宿舍、新地质馆及新图书馆——一方面是利用余款，一方面对民间也起了不少安定作用。

"在这六年内，工作最紧张的六年内，我们北大的自然科学、社会科学、文史刊物、中文的及外文的都得到了全世界的注意。

"第五时期就是八年抗战流亡时期。抗战的局面太大了，我们非迁不可。先由王世杰、傅斯年和我决定设临时大学，由长沙而转昆明。改为西南联大时期我没有参加。从外面看，有两点很值得称赞：（一）在艰辛中奋斗，学术上、教育上均有成就。生活的苦，如先生洗马桶，太太摆小摊，国际上都知道了。（二）合作的精神，只有西南联大合作到底。今年是第九年，我们还一起招生。我们北大，也向例是把荣誉给别人。

"今天的北大是大多了，有联大学生七〇九人，临大分来的一五六二人，新生四五八人，工学院新生九二人，先修班六八六人，医学院试读生七人。以上共三五一四人，这还不连沈阳新生、青年军、抗战有功子弟、政府分发者，可以说，比联大时期大了一倍，比旧北大大了三倍，学院也加了三个。

"我们在精神上的财产，有蔡先生三十年的遗风，独立研究，自由创造，再加上八年来的吃苦耐劳。如在座的白雄远先生，他的吃苦耐劳就是北大精神，我们谢谢他。"（全体大鼓掌，白氏起立，面红微笑，向胡氏一鞠躬。）

胡适校长在报告中对于抗战中在北平代管校产的钱玄同、孟心史等加以赞美。几位职员，一位保护蔡先生相片在家，一位运汉简至沪并安全运美。特别是对沈兼士的地下工作更表敬念。"今天我们已比较有基础，十一万卷书没有少，外面的正运回，新设的农学院正在建设中，医学院的人才及设备，亦国内不说是第一，也该是第二。"所以他说："我有一点小小的梦想，应该不算太奢侈。"

选自一九四六年十月十一日天津《大公报》

// 联大八年

李 凌

作者按：一九四五年，日本战败投降。一九四六年，西南联大复员。三校北迁。同年十一月一日，联大校友在北平举行九周年校庆纪念，并出特刊。本文曾在特刊刊登。当时写此文，记忆犹新，保存了一些史料，可供研究西南联大校史参考。此次重新发表，只改了若干错字，其余照旧，以保留原来历史面貌。

联大八年，自民国二十七年秋至民国三十五年夏复员至北平分为三校止。在这八年中，人民遭受着空前的灾难。无数的人倒下去了。经过艰苦的生活和斗争，英雄的人民又从血泊里站了起来，更多的、更瑰丽的事物将要出现。这段历史是无可比拟的。

联大，作为当时节中国文化中心和时代的环节之一，它孕育了可宝贵的英才，它的吼声震撼了大地。它组织了，成熟了，受磨折了，又更有声有色地发展了。这八年，历历如中国八年底历史，是可珍贵的。

下面是它的故事，让我们大胆地翻开吧！

一、联大的组织

民国二十六年七七抗战发生，敌人陷平津，在北平的北京大学、清华大学、天津的南开大学，南迁至湖南长沙，奉令联合组织长沙临时大学。当敌人继续南侵，轰炸长沙，临时大学迁昆明，一部分师生南下经香港取道安南至昆明，另一部分师生步行经贵州入云南。二十七年十一月一日在昆明开学（编者按：实为五月四日在昆开学），更名为西南联合大学，简称联大。

三校中有人最先的意思还想三校分开，后来因为人力物力不足，合作既已有一段历史，不如就继续下去。三校的校长组成常务委员会，轮流每年主持校政，后来南开大学校长张伯苓先生任参政会议长，不能常来昆明，北大蒋梦麟校长，清华梅贻琦校长经常在校，后又因蒋先生曾任教育部长，所以许多向政府交涉的事情都由蒋先生出马，渐渐校政多由梅先生主持，三校从未有闲言。内部重新组建，有总务处、教务处，后来为了需要，又增加了训导处。学校的立法机关是教授会议，由三校全体教授参加，讨论决定学校的方针。这是一个可歌颂的制度，由于教授治校，使联大能岸然独立，摆脱教育界的浊流，不受党化教育的影响。因为在教授会议中三校有充分的代表权，保证了三校的和平相处，然后更浑然融为一体了。

初搬至昆明的时候，校舍极其分散，分别住在昆师、南院、农校、工校、昆北，其后才有新校舍。文学院更远在滇南蒙自，物质条件的艰苦，是可以想见的。

初设文、法、理、工四学院，后来应当地政府的请求将北大教育系与云南师范专修科合并为师范学院。至今，师范学院仍然留在昆明。

既然来到了山城，一切建设规模远不如故都了，最初校本部在昆工办公，后来迁至新校舍，草舍茅房也养成了不拘束的习气。没有传达，没有拦阻，同学们对学校当局有所要求，有所申诉，可以直接找先生，减少了许多隔膜和客气。

军训这一项目，在联大历来都是随便的。难得的是军训教官毛鸿上校（祝他在天之灵安息！），他是如此的慈祥，他从来不想麻烦同学。他知道，要想像以前的学校那样，利用军训教官来钳制同学，是不应该也是不可能的。到了后来，联大军训制度干脆取消了。民国三十二年起，奉令增加一必修科"三民主义"，这也不过是徒具其名而已。部令一再要部聘全体教授或解聘某某教授，而学校当局对教授的去留完全根据教授的才学，对教育部的命令根本不理会。这样，保证了联大内部的自由学术空气，为学生树立了可贵的榜样。

二、联大教授群

我们常常说,清华严肃,北大自由,南开活泼。严肃和自由,清华、北大的教授该是代表这种校风的。

清华的严肃,陈岱孙先生是典型的了。他是那么整齐,甚至漂亮,不会错扣一个扣子,不会梳乱一根头发。正如他上课一样,第一课就到,一直至大考,从不缺席,风雨不改。讲书时一丝不苟,有材料,有条理,扼要,明朗,清晰,因而他们所要求于学生的也就极其严格,常常点名,几乎是三日一小考,五日一大考,分数极紧,真是纪律严明,秋毫必察。

北大的教师们就自由得多了,蓝布大褂,蓬松头发,不注重小考,不拘小节。他们希望学生自由发展,多有些时间看自己的书,循自己的兴趣,然后教授们加以指导。如此,天才的青年才不至被埋没。

这些教授先生们,他们的人生态度,治学派别,政治意见各有不同,然而都能见容于一校,相因相成。这些优良的因素融合在一起,凝固成了彩色斑斓的联大。

他们中有许多人,有良知,有远见,羞为众士之诺诺,而独作一士之谔谔,关心社会、关心人民。

伍启元等九教授对物价管制经济政策的建议,震惊了社会,他们分析了物价不断上涨的原因并指出彻底管制的方法。罗常培先生不同意教育部以贷金为手段来提倡理工科,压制文法科的论文，清醒了许多人的头脑。钱端升先生参政归来发表演说，以国民党员的资格批评国民党腐败，攻击一党专政。至于举世知名的张奚若先生更大声疾呼要联合政府，他还比喻说："如果有人以为联合政府是中共提出的就不敢同意，那么如果有人患了盲肠炎，中共说要割掉盲肠才有办法，我们要不要割呢？"吴晗先生举出明朝魏忠贤设两厂及锦衣卫来统治人民，说明专制暴君、奸臣用残酷的特务来排除异己，来扑灭忠良，这是古今一样的。

谁也不能忘记现在美国的曾昭抡先生，他极其不修边幅，经常头发蓬松，穿着破布衫在文林街走来走去，然而他又极其渊博。化学是本行，之外，对政治学、社会学、军事学无所不精，分析时局有条理又有感情。开会的时候他常常当听众，跟着大家一起张大嘴巴练歌，跑警报到野外烧饭时也跟着大家拣些柴枝烧火，完全没有一点特殊，一点架子，大家跟他在一起是那么自然，简直可以呼唤他像呼唤朋友一样。

训导长查良钊先生多使人怀念啊——他完全为同学福利着想，教育部规定公费百分比，但是查先生明白同学的困穷，批准公费额大大地超过了比例；因为种种缘故还没有被批准的可以到查先生家里借钱交伙食费。吃不到饭的学生们找上查先生，他会请吃一碗"米线"，两个"饵块"。大家吵着他，围着他，像孩子们围着家长一样。这次复员以前，他替同学找车找钱，一天恐怕办了十八小时的公。天没亮同学就去他家找他，一直到深夜，他都尽量帮忙。他自始至终，只是为同学食宿操心，一视同人，没有对任何学生有偏见。他对同学的思想行动完全不干涉，倒孔游行以后他恨不得自己变年青点；"一二·一"惨案之后，四烈士死了，他哭了。

新校舍四烈士墓前，闻一多先生的衣冠冢葬在那里；在昆明，如今该是风季了。那滚滚的黄沙伴作落叶在墓前吹过，学生们都走了。闻先生，你该寂寞的，我们今天想开会哀悼你，都不可能啊！

闻先生，这人民的良心，时代的鼓手，治学问精深广博；一生之中在追求真理，不断地承认自己的错误。最后当他找到了真理是人民、是民主的时候，就热情地呼号奔走，为人民的灾难鞭策着，他高喊民主，高喊和平，终于为民主与和平的敌人所加害了，这是无可补偿的损失。闻先生青年的时候与徐志摩同为新月派诗人，中年精治古文字学、音韵学、绘画、诗经、易经、楚辞。死时，年仅四十八岁。

抗战时，教授生活艰苦，是谁都知道的了。据杨西孟先生统计，昆明教授生活变动得极厉害。以民国二十六年至三十五年算，薪金由三百五十元增至十四万元，而物价指数却由一百增至五十一万，物价涨了五千多倍。因此三十五年薪金才合二十六年二十七元三角。

教授们初到昆明，告诉人家月薪三百元，人家惊奇得不得了，说太高了；然而过了两年告诉人家月薪八百元，人家也惊奇得不得了，说太低了。到了后来，教授们以稀饭糊口，到中学去兼差，回家买菜、洗米、煮饭、抱小孩。此次复员北返,临走的时候,旅费不足,还得摆地摊,卖衣服家具。

他们如此坚贞地守着自己的岗位,殷勤不断地治学教人,在自己痛苦之后没有忘记别人,他们永远关心社会的灾难和民族的不幸。以他们的声望和才干,他们尽可投机取巧,奔走豪门;然而,他们不屑于这些。他们甘愿默默地忍受着贫穷,忠实于人生,忠实于教育——这是人间最可珍贵的,最崇高的品质——联大的历史,因此,将永远蒙在圣洁的光圈里。

三、抗战初期的联大同学

从长沙迁来昆明以后,跋涉了千山万水,拜会过绿林豪杰,看过了群山中的中国农村,一群北国的孩子驻足在被视为蛮荒之地的云南了。初到的时候,完全是从前南开、北大、清华的学生,学号就分为三种,学生分界还相当严:南开的学生非常活泼,旅行、打球、游戏,无一不拿手;清华的学生则用功得惊人,功课非常好;北大学生却喜欢看课外书。

青年原是一家人,他们结合了。

最初,他们连膳团都组织不起来,大家不来开会,不愿意当膳委。这时刚好有个学生团体,愿意暂行代理,结果非常之好,自此树立了膳团制度。

这团体原想叫力行社,因为大家都想交朋友、想读书,便有了这组织,有社长和康乐、学术、出版等干事,后来定名为群社。群社经常举办演讲,第一回是请孙伏园讲鲁迅,以后又请人报告四川邓锡侯、张群和中央闹意气的故事。他们出版壁报，由单一国文的张贴，发展为论辩苏联和德国同时进兵波兰是否同为侵略等问题。慢慢地，其他团体出版壁报的也多起来了，如《腊月》、《微言》、《冬青》、《热风》等。各团体活动也加强了。因当时杜重远在新疆招青年帮助，所以有的壁报又出了一次新疆介绍特刊。其他活动也很多，如踢小足球、读书会、时事座谈会、呈贡桃园旅行、大观楼划船比赛、演讲会、月光会、望乡会、歌咏会等等，联大每个同学都动起来了。

每天晚上有各种各样的团体集会，同学们可以自由参加，围了一个圆圈。有一个同学会脱下鸭舌帽，向大家募点钱买花生米糖果去。那时候东西便宜，随便捐点钱也就够了。在这样的集会上，大家随便吃东西，随便说话，谁都不会无聊；只要愿意，可以随便找谁做朋友。当时的活动都是集体的，大规模的。一个旅行常常上两百人，学术风气非常浓厚，组织的读书会有俄文研究会（在联大教过俄文的王恩治先生也是当年的会员呢）、社会科学研究会等等，啃的都是大书名著。对于功课也并不忽略，图书馆密密麻麻都是人，鸦雀无声；再不就到茶馆去，有时由一些功课特别好的同学先讲，然后大家讨论，这样就容易深入了。

为了使老百姓明白抗战的意义，又出了街头壁报，叫《大家看》，分析战局，还帮助老百姓解答问题。到了放假，响应政府号召下乡宣传兵役，募集了日用品慰劳乡下抗战军人家属，回来的时候把他们的意见转达给政府。还成立了团体，替乡间小学募集文具书籍。

这时，学生自治会慢慢组织起来了，出版壁报《联大半月刊》，设计校章。当敌机特别轰炸联大，炸毁了校舍和民房之后，组织了空袭服务团，敌机未离时就开始发掘救护，曾经在瓦堆中掘起救出了一个老太婆，获得了政府的褒扬。同学宿舍被炸，衣物荡然时，救护队征集自己的被盖借给被难同学。自此，联大学生渐得民众的信仰，校内同学的向心力更强了。各团体的人数都迅速增加，文艺性质的冬青社和戏剧研究社、联大剧团都组成了，戏剧研究社演出了《阿Q正传》，联大剧团演出了曹禺的戏。

在这个时期，争执自然是有的，而且有吵闹，有分歧。但是，各种性质不同的团体摆在大家面前，各种道理贡献给每一个人，同学们是知所选择的。

在这时期中，大家带着抗战那份热情，有些更是从战地归来的，大家的家都在战线上。今天有家，明天也许就给炸了。不期然而然的，人人的目标都集中在政治和军事上，而抗战初期的环境也还容许这种关切，并不会因关切而遭到诽谤和不幸。谁都明白，要想抗战胜利就要动员人民，因此，教育人民组织人民的运动就蓬勃起来。

然而，当政治局面分裂，某一方面不希望有任何竞争者出现的时候，这种五色缤纷的运动就要变为清一色然后变为无色了。

三十年春天，皖南事变，分裂形成了。

四、寂寞的联大

皖南事变，联大学生通电反对，也有别的团体响应。当局自然不满意的，据说是要求地方逮捕学生，地方不十分赞同，学校当局也不赞同，然而学校到底不能超然于政治压力之外，同学们许多亡命离开昆明了。国内外的局面都异常暗淡。此后很长时间，联大就没有什么活动了。

除了膳团以外，没有什么组织，没有集会，壁报墙上全是光壁，只有卖衣物书籍的招贴；人和人像是结了仇恨，同课同住几年，居然姓名不知，从未交谈。宿舍内布帘一挂，自成一小天地，小天地之内又有小天地，不与人间往来。沉寂、猜疑和戒惧统治了一切。

男女之间壁垒森严。猥念代替了社交，轻视代替了了解，在这时期发生过情杀案，发生过单恋狂，一切的变态都集中在这时候。

论功课成绩，也不及以前了。心情变了，使一切都变了。

大多数的联大同学除了从白铁皮屋顶后的尤加利的叶丛里望过去，对昆明那么蓝的天，那么白的云，惆怅以外还能有什么呢？一阵风沙吹过，又只好闭上眼睛。

抗战持久下去，读书更辛苦了。大多数同学没有家庭接济了，要靠自己供自己，兼职的风气盛行起来，家庭教师、中校教员、报馆编辑、雇员、会计、卖报、技工、放午炮、缮写、翻译，简直无所不作。有的人长袖善舞，去跑仰光，带洋货进来，赚得眼红了，书本从此放下，广进财源。进舞场，吃西餐，买汽车，买卖卢比、黄金，投机倒把——干这些勾当，念过大学的自然高人一等。不幸的是，跑汽车车翻了，跑飞机失事了——为了享受，粉身碎骨，居然值得。

打桥牌的风气特别盛，茶馆生意兴隆，桥牌和电影成了唯一的娱乐，也有苦闷的发泄处，如：捉到小偷痛打一顿，剥了衣服把小偷反手吊起来鞭打，明知私自加刑是不合法的，但谁叫他做了小偷？

总之，这是没有光彩的日子。

然而，现状是不能令人满意。太平洋事变，日军强袭英帝国在远东的前卫站——香港。孔祥熙家族为了运洋狗和用人霸占了自香港飞回国内的飞机空位，以致使许多知名之士，如郭泰祺等陷于香港。这是一个贪污家族政治的典型。多年来人们熟知于孔门利用地位操纵黄金、美汇的故事，对大大小小的裙带关系感到怨恨，被压抑了的情绪爆发了，一切的愤怒集中在孔氏一人身上。三十一年一月六日大一同学首先号召，人们迅速汇合起来了，全联大的学生一起冲出去，振臂一呼，中学同学跟着来了，游行的队伍经过昆明，旗帜标语鲜明，口号清楚："打倒孔祥熙！""打倒贪污！""实行廉洁政治！"市民们用高兴而惊奇的眼光注视这行列。"打倒贪污！"这实在是中国人民多年以来的愿望啊！

游行的队伍回去，马上流言就散出来了："这是共党利用的呀！"吓，这一下可把善良的人们吓住了。自然，"难道只有共党才反对贪污？"这问号会浮上来，但政治斗争总不习惯，被人利用更不甘心，又谣传某大员带了几百打手来昆。于是游行过后，一切烟消云散，像在墨黑的夜空中划过一道闪电那么快！——刹那间照透了每个人的心，马上又只成记忆了。

学校当局没有干涉和阻止，而且对游行暗暗保护，怕同学遭到摧残，有位教授还恨自己不年青点呢，学校迅速地恢复了常态。

五、这就是联大的民主

日子到底不能白过，在寂寞中培养了对寂寞的憎恨，加以战局一天天逆转，物价飞涨，全国以昆明居第一位。政治是如此的腐败，几次参政会揭开了官场的荒唐面，参政员指摘粮食部贪污，部长徐堪答辩说："是好人就不到粮食部来了。"地方当局还比较能容许有一点自由气息，学校当局和教授们是如此的开明，而且善于诱导，同学们复苏了。

三十二年夏以后，疏疏落落地出现了一些壁报。生物系报，地质系报，讲的虽是本系的专业，但绘图和编排都非常讲究。又出现了《耕耘》壁报，多是清新秀丽的小说和诗歌。其后又有《文艺》壁报，作风与《耕耘》稍有不同，二者还为文艺的社会性问题起了一个争辩：《耕耘》说艺术是超功利性的；《文艺》说艺术不能脱离人生，所以一定含有对于社会的功能。

《耕耘》说不,艺术自然是为人,但不是为人的政治斗争,而是在人的生命中增加一点美。《文艺》答辩说,只有至真的、至善的才是至美的,社会既然全是人压迫人的事实,艺术如果不表现这些真实,那谈得上什么美呢?而且高谈艺术唯美的人,往往企图拿唯美的经典和辞藻来掩饰自己思想的贫乏和生活的苍白的。

三十三年的五四,在联大是划时代的日子。五月三日历史学会举办了纪念晚会,地方太小,人太多了。南区十号的教室塞满了人。奇怪,怎样一下子人都跑来了?这是从哪里钻出来的?在会上,周炳琳先生报告五四运动经过,他大声疾呼:要恢复五四精神,要德先生和赛先生。教授们和同学们都讲话了,这个角落,那个窗外,都发言了。大家要求恢复五四作为青年节,政府把青年节改为三月二十九日是毫无道理的,对当前愈发不满了。第二天是五四,大家好像过节一样,在微雨里看打球,荡来荡去,甜蜜地回忆着昨晚的语句,谈说着,靠上前去看壁报吧!三十多个,这么多的壁报呀!好久好久以来,同学们没有过这种生活了。五四晚上的文艺晚会不幸流产了,不是人太少,而是人太多了。改到五月八日,人到得更多了,请了八位教授讲新文学运动,在新校舍草坪上,来的人足足有三千多,教授们一个个讲了:罗常培、杨振声、朱自清、冯至、闻一多、沈从文、李广田、卞之琳、闻家驷、孙毓棠。

以后,时事晚会和座谈会增多了,规模更大了。教室绝对容不下，要改在大膳厅或图书馆前大草坪，人总是那么多，那么热闹。昆明的市民，各大中学生，成群结队的赶来，学校都给挤破了。就这样，一次又一次，教授们把一个又一个大家关心的问题，提出来，分析解答。

壁报更兴盛了，在新校舍经常出版的就有十几个。态度都非常严肃，探讨着人生，政治，社会，战局。有的从国外报章转译些国内新闻，有的从乡下回来就写农村通讯报道。由于这些，联大同学们知道了为什么政府要借重孔祥熙，为什么胡宗南的精锐大军不调到前线去打日本，贪污的现象为什么这样多，农村是怎样破了产，壮丁是怎样被拉上前线的……

这一切，在同学的面前展开了中国社会的复杂的画面。大家要为新的事物，为广大的世界思考了，要为生命的意义，为个人和社会找出答案了。

同学们不但要使内部明白，还要国外明白，社会明白。美国副总统华莱士来昆的时候，同学连夜赶了许多壁报，有一个二方丈大的英文报，告诉美国人中国的内幕。同学们要宣传抗战，要了解兵士，就跑到兵营去，在那里他们看见了长官的专横，士兵的被损害，被虐待得像一个幽灵，瘦得只有一根骨；有的下乡教书，在那里看到土地迅速集中，征粮和地租紧压了农民，征兵又把农村的生产者夺走。为免当兵，人民宁可切断手指，挖掉眼睛。学生下乡准备把知识带给农村，农村却使学生感受了更多的知识。

仗愈打得坏了。眼看盟军在欧洲、在太平洋都取得胜利，而我们在湖南的战役却吃尽败仗。三十三年秋，政府号召智识青年参加军队，据说还有特别的待遇和装备。联大同学从军，一时风起云涌了。理由是要想反攻，要掌握先进的技术装备，必先要有智识的军人。但是相反的论点来了，智识青年军享受特别优待，是会引起别的军队的不满的。单是青年军解决不了反攻问题，如果政治不良，则什么军队也打不了胜仗的，而且这支军队可能被用来打内战。当然这场论辩是没有结果的。一部分人明白了道理，但另一部分人仍然参军去了。后来的事实表明，青年军中生活极坏，军官们企图用法西斯式教育奴化青年，待遇和装备完全说不上，其内部之贪污黑暗，比一切还厉害。许多参军回来的同学一百八十度大转弯，成为对现实最大不满者，于是引起全面的愤怒，叹息，绝望了。

三十三年来，敌人发动中原之战，一月之间，占地千里，敌军南下湖北、湖南、广东、广西，轻骑二千进入贵州独山，所向披靡。多年来掩盖的所谓"军事有办法论"被拆穿了，身处云南的联大同学，为了安全，纷谋自救之道。有办法的走了，没有办法的准备打仗。在昆明，开过全市性的市民大会，十二月二十五日云南护国纪念，联大同学发动游行，提出保卫大西南，实行民主政治的口号。

自治会的选举渐为大家重视，这里解答了一个个问题：为了不受人操纵和利用，每个人就应慎重地选举自己的代表和理事，以表达自己的意志和为自己办事。有人说联大同学都被人利用了，联大同学会答辩说："如果我因为听了你的话而不做我应做的事，我不是被你利用了吗？"

自治会因此非常强有力，举办了许多福利事业：争贷金，成立辅食部和理发部，平抑早点价目，举行五四大聚餐，举办校庆纪念，等等。

三十四年四月间联大学生自治会发表了国是宣言，这是全国的第一声霹雳，指出：一切的罪恶都是一党专权的结果，因此，唯一的办法就是组织联合政府，保障人民有一切自由。云大、中法、英专，都响应了。同年五四纪念，四校发动全昆明市学生游行，人数达一万人以上；晚上，在云大举行有五千多人参加的、全市性质的盛大晚会，这里有新的音乐表演，如《凭良心》、《茶馆小调》等，为以后歌曲的发展指出了一个新方向。昆明学联亦于此时成立。

于是，昆明的甚至云南的文化局面改观了。一直到九月，抗战突然胜利了。昆明的人们马上就警惕到内战将随之而来，为了明白胜利后局面，联大举行了一个演讲会，呼吁和平。

六、"一二·一"惨案——复员

内战果然迫来，内战就在云南展开了。

中央与云南的不睦日益加深，云南的军队被调到外省和安南去受降，十月初，驻在昆明近郊的杜聿明将军用突袭的方式迅速拿下昆明，龙云下台，在昆明人的心中增加了愤怒，暂时默然无声了。

联大在混乱中停过几天课，上课了，但是谣言飞传。马上，双十会谈纪要发表，曾经给大家一点兴奋；但是内战的规模反而扩大，美军巨型的飞机天天都在飞，大量地运兵往华北，美军宣布保卫北宁路，高树勋和马法五二将军被俘，内战继续着。

大家对胜利感到空虚、迷惑了，为什么还要打内战呢？十一月二十五日晚上，联大、云大、中法、英专等四大学生自治会在联大举办讲演会，请伍启元、钱端升、费孝通、潘大逵四教授讲演。当日早上报纸登出一个消息说，本地党政军联席会议议决，除经核准外，一切集会游行概予禁止。这决议是违反政府关于保障人民自由的诺言的，演讲会还是照常举行。

教授们分析内战打不得，打下去会造成经济破产，国际地位低落，许多团体要求四大学通电反对内战，要求美军退出中国。正在演讲的时候，枪炮声响了，到处子弹飞过来，而演讲继续，声音更大，掌声更大。"我们要用我们的声音盖过枪声！"五千多人在子弹丛中没有害怕，没有退缩，演讲会胜利结束——墙外的枪声，证明了谁该负内战的责任。市民和别的大学、中学同学出去的时候，被武装士兵禁止通过，周围戒了严。为了抗议这种暴行，一夜之间，联大罢课了，像燎原的火一样，昆明市的大中学校三万学生完全罢课了。当地的报纸说当晚是追击土匪。为了抗辩与说明真相，学生纷纷出外宣传，反对内战！这时满街都是特务，打伤了许多同学，最初用手用棍打，后来用枪用刀刺了，同学们仍然继续宣传。于是更大规模的屠杀开始。

十二月一日,各校校舍分别被捣毁。中午,军官总队的几百官兵想打入新校舍未果,投掷手榴弹,炸死南菁中学教员于再。特务又进攻联大师范学院,炸死联大师院同学潘琰、李鲁连和昆工同学张华昌,伤者数十。

"民不畏死,奈何以死惧之!"愤怒燃烧得更厉害,联大教授会议决议停课一周,以示抗议。社会人士同情者更多,同学们继续外出唱歌、演讲、演剧扩大宣传,中学生也增加了勇气,加强了组织。学生们指出凶犯是省主席李宗黄和警备司令关麟徵,要求严惩。罢课克服了无数的困难,直至十二月底联大教授会保证惩凶,昆明学生联合会才决议复课。

其后,政治协商会议成功,凶手李宗黄却高升,昆明学生很不满意,发动游行抗议,参加者过万人。二月二十三日联大东北社发动反苏游行,但联大学生参加者数十人而已。三月为四烈士出殡,队伍三万多人,昆明万人空巷。

综观这一段期间,联大包容了一切,反映了一切。有争执,有吵闹——同学与同学之间,教授与教授之间,教授与同学之间——然而尽管有多少不同的意见,联大都兼容并蓄,任其发展。这样,真理就获得了发扬,就能被大多数人接受。当然,也有人囿于私利,逆流而动,固执己见,走上歧途,但终归是少数。

到了最后一学期,联大学生自治会的选举更民主了。不是间接选举,而是直接的普选了。竞选的热烈,真是比得上一切民主国家的。

三十五年五月开始放假,宣布复员,十月在北平报到。在复员的路上,联大的教授和同学见到过贵州的贫穷,湖南的灾荒,接收的混乱,美军的骄横。如果真知就是智慧,走遍中国的人该更了解自己,更了解土地。应该怎样去学,学了为谁,怎样去想,想些甚么。这些该不成问题了。

祝福吧!

七、联大精神

联大八年培养了一种风格和一种品质。

有些洋化的学校常有一种"拖尸"的习惯,捉弄新来的同学。又有许多学校,总有些特权阶级,带了手枪的,有×籍或×籍的,与学校拉拢了的,恃势横行,动辄冠人以罪,而学校当局又多是靠关系而来,逢迎苟和,借特权学生自重,一般同学更畏之如虎。风气愈来愈坏,自由没有,学术研究也就没有了。

"拖尸"制度是一种特权心理,报复心理的表现,联大就从来没有发生这样的事情。新学生不必自卑,老学生更没有自傲,大家都是同学,尤其要紧的是大家都是"人",没有谁欺负谁的理由。对于一切的特权者都予以轻蔑,这种感情是这样的深沉,一切的特权分子都不能得势。

因为大家都相信,真理不必要求特权和垄断,在大家面前拿出事实来，拿出道理来，让每个人自由地找寻，独立地思索，谁也不必做谁的尾巴，自然而然地真理就会得到自己的信仰者。绝大多数教授和同学都这样相信，于是一起努力地在校内开辟这样一个园地，养成这样一种风气，联大精神形成了。

衡量真理的标准是什么？

是人民！这才是联大精神最可宝贵的骨髓。永远要替别人着想，只有这样才能尊重别人，承认别人，不致于动辄就要扑灭异己。

按照庸俗的、市侩的说法，学生根本不必管外事，不必管别人，自己有书读有饭吃算了吧。但是年青人说不，中国的灾难，人民的冤屈日夜不饶地向良心控诉。而且如果中国不好，读书所为何来？难道为做官么？这种想法不只是联大同学的想法，而且是中国青年的传统，这是金一样的感情，金一样的心啊！

凭了这个标准，人们就要在许多事实面前衡量是非善恶了。猛一得到真理就不惜以性命来保卫它，这不是最美丽的灵魂么？闻一多先生这样死了，四烈士这样死了。

然而，联大并不是没有内容光会叫的空架子。这种架子，是没有根底的。联大所以负盛名就是因为教授好，学生不是读死书，没有坚实材料的号叫是会使人冷笑的。

然而联大就能自傲么？如果有这样的现象，就是联大的缺点了。因为联大的长处正是尊重别人，爱惜别人，把别人看得比自己更高更重。

联大结束了,联大的长处其实就是中国有良心的学者和中国青年的长处。

选自一九四六年十一月一日《西南联合大学九周年校庆纪念特刊》

// 西南联合大学成立四周年纪念纪实

昆明航讯

联大迁来昆明，已足三年。学校当局迟至去年年尾，始应学生自治会之请，决定以四年前在长沙时长沙临时大学的始业日期，作为它诞生的纪念。

联大校庆，节目凡三：晨九时举行纪念典礼，系与十一月份国民月会联合举行者。十一时半起，有球类比赛五场，由马约翰教授裁判，以庆祝校庆，并作校本部同学与叙永分校返昆同学联欢。晚六时起学生自治会有游艺会之举行，分音乐、话剧、平剧三项，同学演出，除纪念外，并欢迎四校联合招生及在昆自行招生两次所录取的新同学。

纪念仪式，九时准时举行。致辞之前，梅常委曾严辞指责姗姗来迟的若干同学，彼谓："同学心理，认为九时开会，非九时半或十时必不能举行，是以九时以后始自寝室等处慢步而至。此种心情，正与若干同学推测学校上课非至十一月六日或十二月六日不可之情形，如同一辙。为团体之秩序计，非严予限制不可，故若干同学来信请假者，概准休学一年，以警惕之。同学毋以学校当局竟至干涉同学之小行动，如开会迟到等等，应知小节不修，无以立身。此后同学若随便行动，不自检点，则学校唯有消极的予以处罚。"语至此，梅常委转入纪念校庆之正题，除关于联大成立经过另有黄子坚（师范学院院长）有较详之报告外，兹将梅常委述立校意义及何谓安全两点记录于次：

梅贻琦致辞

梅常委说，卢沟桥炮声响后，教育部方面以有优良传统的教授团（Faculty）的风尚养成不易，并且这传统和这风尚在国际学术界也有其声誉和地位，拆散真是可惜，因此，几经商酌，决定在长沙由北大、清华、南开三校联合起来，成立国立长沙临时大学。现在，迁来昆明，也有三个年头了，通力合作，工作成绩自己尚觉满意，堪以自慰。至于始在长沙，继来昆明，我们认为始终不是为了安全。要说安全，唯有穷乡僻壤才无敌机之扰，始无生命之险。诸生来自乡村者居多，欲求安全者，无他法，唯有请回老家而已。我们所以搬，所以留而不愿再搬，全为工作进行之顺利及方便计。以言我个人，是河北乡间人，欲求安全过活，返家或再躲入朋友家之穷乡僻壤中始可自保，并且可省不少钱（笔者按：生活负担之重在彼校长阶级亦深感痛苦，梅氏女公子二在联大读书，亦请求河北省政府之救济金，平日衣着甚俭）。同学苟不觉得自己负有责任非奋发蹈厉不可者，尽可回府享福，学校不以人多为贵人少为虑也。辞毕，梅氏介绍唯一来宾云南省财政金融界首脑缪云台氏演说。

缪云台演说

缪氏昔日在美与梅氏先后同学，联大迁滇，物质上精神上得地方人士之助不少，缪氏即深切关怀襄助人物之一。日前政府有访缅团之组织，缪氏即为副团长。缪氏衣长袍马褂，身材短小，状颇精悍，发已花白。上台后，以朗洪之声调致其愿望西南联大永久存在之私意，并勉同学有负起发扬文化拯救人类精神生活宏愿之祝望。彼首谓："联大迁滇，对西南各省之文化的提高及普及已起决定之作用，他日抗战胜利，迁回故都，三校仍迈步于各自途径之进展外，但望西南联合大学因其历史之机缘仍屹立于云贵高原上发挥其文化之使命。"再者，彼谓："近顷牛津、剑桥之学者对西方文明之本质已起怀疑及不信，联大可称学术机关之代表，甚愿师长同学各具宏愿，就中西文化加以总检讨，将来新的善的一种文化机系，由我学术界中坚贡献出来。"

黄子坚报告

辞毕，黄子坚先生就四年来三校南迁长沙成立临大继迁云南之经过，作一简要之报告（笔者以三校联合迄已四年，内部组织，日形周密，此后质的提高工作必于短期内有所成就，在中国教育史上，实为一可喜之现象，爰将其演辞详录于后）。

黄氏谓：卢沟桥炮声起，各校负责大员都不在校，校长是时正在庐山参加谈话，一部分重要教职员也正纷纷启程，赶往参加。北方局势不定，原不是突然的事，有数度局势很危急了，清华的书籍仪器已到了汉口，南开的重要设备也运到大沽，预备装轮送走，但是局面又和缓起来，东西急待要用，于是，书籍仪器之已出亡者再趁火车安然地回平津。现在想想真惋惜，因为七七事变起的时候不是正要疏散，而是整箱的东西又都回库的时候，现在，我们需用仪器和书籍之缺少，正是全丢在平津危城里的缘故。清华的师生抗日运动不必多说，北大、南开两校之遭敌人嫉忌从下面二事中就可看出了：一是北大的校长遭敌人宪兵司令部请去谈话，几乎给扣了起来。一是南开的小小的经济研究所和校本部，竟日日蒙敌人去参观，而出来时总是倒抽了一口冷气和拖出舌头。三校的联而为一，一半是所处地位相同，一半也是三校平时之互通声气，彼此间有其情感之联系的缘故。三校决定在长沙设立联合大学后，随即与长沙之圣经学院接洽，租借它在城的本部和岳麓山的分校校址，以供开学之校址。九月十六日这次筹备会议中，决定十月二十日开学，十一月一日正式上课。是时报到者三校旧生一千二百人，分四科：文、理、法商、工，共十七系。工学院因为没有实习的立场，拨去湖南大学借读。理学院的地学组，也因仪器缺乏，与中山大学合办。当时的岳麓分校是文学院的所在，那边优美的景色与恬静的环境，正跟蒙自的南湖一样，永远被我们忆念向往着，不会忘掉的。开学上课后不到几天，江南战场就起了急遽的变化，那时对战争的经验尚浅，初度遭了两次轰炸，不免就惊慌起来，十二月十日的常委会的决议，除了跟教育部接洽迁地之外，并通过议案，凡同学愿供职机关者，本校准予休学，如已有确实之工作处所者，并得请校方予以证明或介绍的文件（非原文）。十二月二十九日会议决定成立交通委员会负责处理迁家事宜。虽然，大部分同学仍极镇定，一月二十四日起至二十九日仍照常举行学期考试，以结束第二十六年度第一学期之课业。其后签名南下昆明者，得八二一人，除女同学及一部体弱男同学取道广州海防，自滇越路至滇外，同学三百六十人分三中队自长沙起程西行，横贯贵州而转入于滇。湘西是苗民族活动之区，贵州中部苗傜罗罗民族亦聚居不少，同学步行者，就风俗之考察，民歌之搜集……上所得殊多。历六十八天而到达昆明。长沙常委会于二十七年三月二十三日开第五十七次会议后而告终结，是年四月十九日在昆召集第五十八次，迄今已近第二百次矣。蒙自本文学院所在，二十七年七月政府拟设立空军分校，乃撤回昆明。是年八月又奉部命设立师范学院，于是除文、法商、理、工外，联大乃成五院之制。同年八月，又有一事足述者为与北平图书馆合作，设立中日战事史料征辑委员会于昆明大西门外之地坛，迄今三年，以经费支绌，工作无大足述，但俟之异日，当有进步（笔者按：史料征辑会希望各界以中日战争史料见寄，地址为昆明地坛中日史料征辑会）。去年七月十七日以越南局势变化，部令作万一之准备，于是九月九日常务委员会议决定逐步迁川之计划，十月间派员去川勘察，决定以一年级生在川南之叙永上课。年来局势演变，云南虽为国防之第一线，随时有被侵的危险，但本校以基础方固，事业进行颇为顺利，叙永分校在教育上及行政上诸多不便，决定取消，归并入本部上课。学校计划正如梅常委所昭示者，惟以教育事业之能否顺利地进行为准则，决不以各个人之安全与否以为断，望各同学同怀此心，安然读书云云。

继唱校歌而散，时已十时半矣。

选自《大公报》一九四一年十一月十二日

// 国立西南联合大学六周年纪念感言
——谈联大的精神

陈序经

今年十一月一日,是国立西南联合大学的六周年纪念日。我回忆六年来的经过,免不了有多少感想,因而草成此篇以志不忘。

联大的当局,虽因我国二十六年的这一天是联大开始上课的日子,而定为校庆,然而联大的诞生,却在这个日子之先。民国二十六年八月十九日,教育部在南京召集北京、清华与南开三个大学的负责人开会,决定这三个大学合并为国立长沙临时大学。我们可以说,这一天就是联大诞生的日子。

我们知道自七七事件发生以后,国立大学、私立大学,以至教会大学之合并或计划合并为联合大学的,并不只是北京、清华与南开这三个大学;然而有的合并以后而分开,有的始终没有合并,只有国立西南联合大学,至今还是一个联合大学。所以联大这个名字,现在已变为国立西南联合大学的特有的名字。

其实,联大不只在名义上是一个联合大学,而且在事实上是等于一个大学,然而联大之所以能够这样,不外是因为这三个大学的当局、同事以至同学,有了真正的合作的精神。

我记得自教育部与三校负责人决定三校合并为国立长沙临时大学的次日,我就离开南京而到长沙。我到长沙的时候,因为筹备"临大"的负责人还尚未到长沙,我因为在旅馆住得不便,乃到湖南教育厅问朱经农先生,我能否搬入长沙圣经学校居住。朱先生告诉我道:"圣经学校虽已商定为'临大'校址,可是'临大'能否成立,还是一个问题。"我得到这个回答之后,只好先迁到青年会居住。

我要指出,在那个时候,不只朱先生不能预料"临大"能否成立,就是一般的教育界的人士,以至北京、清华与南开这三个大学的同人,也很怀疑"临大"的能够成立。因为这三个大学,不只因为历史、环境、学风都有不同之处,而且因为经费上的支配,课程上的分配,以及其他的好多问题,并不容易解决。然而经过两个余月的筹备,国立长沙临时大学,终于在十一月一日上课。

南京失守以后,长沙人心恐惶,这个时候,教育部的主管当局也有更动。外间传说"临大"就要解散,然而事实上,所谓临时大学的"临时"性质,反而改为比较永久的学府。

我们从湖南迁到云南，我们的长沙临时大学，遂改为西南联合大学。

而且，在长沙的时候，因为是临时性质，我们只分为二十余系，到了云南之后，把各系归入四个学院，这就是文、理、法商、工四院，后来又加了一个师范学院，而成为五个学院。现在从行政的系统来看，联大可以说是一个大学，而这三个大学之所以能够联合，而成为一个大学，正如我在上面所说，不外是因为这三个大学的当局、同事以至同学们，有了真正的合作的精神。

我们有三个校长，现在是叫作常务委员会委员，这就是蒋梦麟、梅贻琦与张伯苓三位先生。张伯苓先生年来因要调养身体，少到昆明，他常常告诉蒋梦麟与梅贻琦两位先生道："我请您们两位'代我的表'。"蒋梦麟先生却很客气的叫张伯苓先生为"老大哥"。至于梅贻琦先生，是南开的第一班毕业生，他与张伯苓先生的关系的密切，是用不着说的。

张伯苓先生既很少来昆明主持联大的事务，在实际上，是得力于蒋梦麟与梅贻琦两位先生。同时，在他们两位之间，前者是偏重于对外的事务，而后者是偏重于对内的事务。他们真可以说是尽了分工合作的能事。而且他们三位，曾一再声明，在抗战未得最后胜利之前，这三个大学是决不会分开的。我们回想六年以来，每当联大遇着困难较多、环境较劣的时候，如从长沙迁来昆明，如前数年的轰炸，如去年缅甸失陷之后，外间每每传说联大的三校就要分家，然而事实却恰恰相反。因为在困难愈多、环境愈劣的时候，我们的合作精神，愈能表现出来。

我们三位校长的合作精神，固是随处可以看出来，我们的同事之间以至师生之间的合作精神，也是随处可以看出来。我们在最初合并的时候，在同事之间，比较困难的问题，是功课上的分配，因为有些同样的科目为数校数位同事所专长，而同时又有些必修科目，未必为三校同人所愿意教授。然而这些问题，经过同人的接洽之后，都很容易的解决了。同事之间在这数年来过从之密，是超了所谓校与校间的界限。在同学之间，在最初三四年间虽尚有北大、清华与南开之分，然而上课食宿，并没有这种区别；近二年来，我们差不多完全只有"联字号"的同学，而没有三校之分。至于师生之间，六年以来可以说是很为融洽。记得二年前，同学对于总考声言反对，但是经过教授分头劝告之后，总考也终于总考了。

联大之所以成为联大，除了有了真正合作精神之外，又有其真能吃苦的精神：我们知道这三个大学，在北平、天津的时候，不只学校环境较好，而且教职员以至同学的生活也较为优裕；离开天津以后，而特别是到了昆明之后，因为物价的增涨，薪俸的低薄，不只比之以往的生活有了天渊之别，就是比之昆明一般的车夫工人的收入，尚且不如，故其困苦的情况，可想而知。不久以前，一位同人因为有了小孩，太太不能工作，不得已而请老妈。可是加了老妈一个人吃饭，米不够吃了，他自己只好吃稀饭。有一天老妈问他为什么老不吃饭，他不好意思说出实在的苦处，只好告诉她，因为胃痛不能吃饭。然而因为这样，他的身体日弱一日，结果是害了一场大病。其实，假使他愿意另外找职业，他必不致若此之苦。这不过是一个例子。就是我们的校长的太太，也不得不到外边找事情做，以资弥补。至于同学方面的经济的困难，也较甚于别的大学的学生。又如他们从前从长沙步行几千里而到云南，也是这种吃苦的精神的表现。

联大的师生，虽然很困苦，然而联大的教授，尤其是三校的同人，很少离开了联大。又自缅甸失守，越南被占之后，交通虽很为不便，可是学生之负笈到联大求学的勇气，并不因之而消沉，比方：去年我们招了六百多位新生，本来预备二分之一至三分之一，是因生活太贵与交通不便而不能来的，然而他们差不多通通都来了。结果是使宿舍课堂，都成了很大的问题。

联大本来是国难的产儿，而在国难的时期里，学校方面既又有了很多的校难，同人方面又多受了不少的困苦，可是联大之所以成为联大，也就是我们能以真正的合作的精神，去征服我们的困难，去忍受我们的困苦。

原载《大公报》一九四三年十一月一日，又见于《大学教育论文集》一九四九年版

// 联大精神

吴 晗

国立西南联合大学今天在庆祝抗战以来最后一次的校庆,在这有特殊意义——充分表现出团结、联合精神,值得当前一切政党、全体人民学习的精神——的日子,我们于此谨申贺意。联大校庆应该为中国人民纪念的意义,扼要的说有三点:

第一、八年以来的西南联合大学校史,在中国人民斗争的进步的光明的一面说,也就象征了同年龄的抗战史。联大是抗战的产物,八年来饱经挫折,受尽流离颠沛之苦,从北平天津而流亡到长沙,而昆明、蒙自中间,且曾在四川叙永一度设立分校。即就昆明而言,校址也经过若干次的转徙,一度在工校,一度在昆师,一度在农校,最后才形成当前以旧昆中为基础,横跨北城,半郊半市,带上拓东路工学院的稳定局面。同时,联大本身在抗战阵营中,始终坚守岗位,用最大的努力尽其任务。在长沙,在昆明,在敌人疯狂的轰炸下,在敌人入侵的威胁下,仍然弦歌不辍,作育人才,八年来没有停过一天课,挺起胸膛,咬紧牙根,在极端简陋的设备,极端困难的环境下,造就了以千计以万计的青年,以其所学,为祖国服务。就其动荡和艰苦的情形说,象征了每一个在斗争中,在不断进步中,坚贞卓绝,不屈不挠,再接再厉的中国人民的生活,也就是中华人民在受苦难的缩影。

联大的精神是战斗精神。

第二、如联合大学命名所昭示,西南联合大学的组成分子是北平的国立北京大学,国立清华大学,天津私立南开大学。这三个大学本身各有其悠长的历史,有其独特的校风,北大以自由,清华以谨严,南开以活泼著称。在战争爆发后,三校合并为一,虽然三校各自保留其单一的行政机构和研究所,但是就联大而论,却完全做到团体一致,完全做到联合一致的精神,三校的教员职员,同时是联大的教员职员,学生除开少数联合以前所招收,因战争而休学,隔了一些时候复学,仍算作三校原来的学生外,其他一律是联字号的,无分彼此和畛域。其次,学校行政方面,由教授会议决定治校原则,由教授会议所产生的校务会议负责计划,由三校首长所组成的常务委员会负责执行、处理日常校务。三校间当然也有时不免争执,闹一点小纠纷、小意气,但是这些小蹩扭并不会妨害团结,更不会破坏联合,大家的注意力都集中在大处,无论如何,要做到联合大学的合理的进步的发展,团结之中固然有斗争,斗争也推动整体前进，尤其重要的是在团结联合的坚强基础上，和外界的恶势力斗争。在这情形下，三校原有的机构，类似三个政党，联合大学是这三个政党以民主的方式所产生的联合政府。联大教授会议是西南联合大学的立法制宪机构，学生自治会是联合学生的自治机构，类似民主国家的两院，两院休会期间的执行机构是校务会议和学生理事会，谁都可以说话，谁都得服从决议。这制度保证了联合，巩固了联合。三校的校风，在长期的团结联合中，融合贯通，也造成了联大的新校风，自由，谨严，活泼兼而有之的联大校风。

联大的精神是团结精神。

第三、受了战争的洗礼，流亡和轰炸的锻炼，原来养尊处优惯的三校师生，在这八年中，过惯缩紧裤带，肘穿肩露的战时生活，从象牙塔走到十字街头，从十字街头跌进贫民窟，也就是说联大生活在人民中，联大的大多数成员都成为真正人民的一员了。物质的困苦铸成精神的坚强，阶层的转变也自然消除了过去和人民隔离的鸿沟，他们不但接近人民，而且道道地地生活在人民中，体验，明白了人民大众的痛苦，遭遇。于是对现实的不满，控诉，要求改革的言论和行动，成为一股有力的洪流，从联大冲出，造成有力的舆论，促使全国和世界人民的注意。他们敢说，敢写，敢哭，也敢笑，敢骂。正义的呼声和行动，继承了光荣的五四而更发扬光大。民主堡垒的声誉蒸蒸日上，真够得上说是"贫贱不能移，威武不能屈"的地步。

联大不但是进取性的民主堡垒,为民请命,实现自由和民主的生活。并且也是民主生活的实验园地。在学校范围以内,壁报墙上张贴满了民主的刊物,也有不少针锋相对立场相反的刊物。教师中有属于民主同盟的,有国民党员,也有无党无派的人物,各人就自己所见说话,谁也不会干涉谁,更说不上刀枪相见。往往在同一时间,大会堂的时事晚会在畅论新型的民主,另一会场则正在举行党团的集会。发表,演说,集会,这几种自由,在校内算是充分实现了。

联大的精神是民主精神。

西南联合大学的为社会所尊重,为学术界所尊重,奠基在它的精神——战斗的,团结的,民主的精神上。

今天是联大的最后一次校庆。今后,三校都要复员到平津,西南联合大学即将成为历史上的名辞了。我们,除了由衷的庆贺以外,提出两点希望,作为贺礼:

第一、当前的国是,必须团结,必须从缔造联合政府下手,来解决当前的危机,建设自由,进步,民主的新中国,这是全国人民一致的要求,也是时代所赋予的任务。联大所表现的团结,联合的精神和成就,正是当前国是的借镜和先导,并且是成功的实例,值得现存各政党学习,值得全国人民学习。

第二、三校复员以后,除开继续在学术的岗位上作领导以外,我们虔诚地盼求,不要放弃,而且更要积极地发扬联大的战斗,团结,民主的精神,在人民的立场上,作人民的代言人,为民请命,实现自由,进步,民主的新中国!

  选自《民主周刊》一九四五年十一月一日第二卷第十四期,原文未署名,但据翌年同日发表的《校庆献辞》,此文作者系吴晗。另,《金中学生》一九四六年第九期发表的江景彬《漫谈西南联大》一文,主体内容与此文高度重合,本书收发表较早者。

校庆献辞

吴 晗

去年校庆,在昆明,我曾在《民主周刊》上写过一篇《联大精神》。

今年校庆,在北平,此时此地,隔了一年,情况完全不同了,我也愿意说几句话,当作献辞。

去年校庆,是在昆明西南联合大学解体前最后一次校庆。而今年校庆,则是三校分立后纪念联大的第一次校庆。

去年校庆,在"一二·一"前整一个月,而今年校庆则在"一二·一"周年纪念前一个月。

想想这一年,我们经过了多少沧桑,经过了多少忧患。

想想这一年,我们这个国家,经过了多少次战争,国际地位低落了多少?人民死亡残废的又有多少?

这一年我们走了万里路。

这一年我们从终年是春的昆明到初寒盛暑的北平。

历尽艰苦,我们回家了。

此时此地,而能大家团聚来庆祝我们自己的联大,想了要哭,再想想要笑,含着眼泪的笑。

联大是值得纪念的,因为它是自由的摇篮,每一个人都能享受充分的自由,作自己应该作的事。

联大是值得纪念的,因为它是民主的堡垒,在几年来的中国民主运动史上,联大同人尽了所能尽的一份力量。

联大是值得纪念的,因为它是战争的产儿,在抗战中出生,成长,受考验,代表了中国人民的抗战精神。

联大是值得纪念的,因为它也代表了中国人民的合作精神,团结精神。九年来由三个不同的学校,来自各地的师生,不论从地域上、从学术上、从工作上都代表中国光明的一代;始终团结,始终合作。今后谁能说"中国人是一盘散沙"?

联大是值得纪念的,经过敌人的轰炸,经过极度的穷困,更经过"一二·一"的洗炼,做到了孟子所说"富贵不能淫,威武不能屈,贫贱不能移"至大至刚的浩然之气。

联大是值得纪念的,在昆明,在我们的脑海中,有"一二·一"烈士的陵墓和闻一多先生的衣冠冢。

联大是值得纪念的,因为它所代表的是集体,它不是某一人某一集团的联大,而是全体联大师生的联大。

在联大解体后的今天,三校师生还集合来纪念联大校庆,就这事本身而论,充分证明了联大之值得纪念。

联大分为三校了,它原来继承了三校的优良传统,综合而贯通者经过九年的磨炼,现在分开了。过去的联大只有一个,而今天则是三个。说实话,岂止这有形的三个而已,遍中国只要有联大同人服务的场所,就有一个联大在。

联大永生了。

在这个我们自己的好日子,我的献辞是:发扬联大精神,再接再厉。努力到明年校庆时,我们要做到不含眼泪的笑,痛快的笑,尽情的笑。

以此慰亡者,以此勉后生,以此祝校庆。

十月二十三日

选自一九四六年十一月一日《西南联合大学九周年校庆纪念特刊》

// 歌颂吧，联大

刘时平

西南联大虽然已成为历史上的名词，但是它的精神，却永远是那样新鲜，年轻，而且富有活力，永远留在年轻一代的心窝中。

国会街，这旧的亭台楼阁里，自从联大复员学生住在里面后，嘹亮的弦歌，新生起来。

当我们走到北大四院的门口，引入注目的鲜红色标语上面写着："创造新作风，创造新精神"，"向新朋友们学习，学习他们坚忍慎重的生活态度"。院落里人山人海，万头攒动，有的和报童搅和在一起，高声喊卖《校庆纪念特刊》。宿舍前，一面是大型的《校庆纪念特刊》，一面是《实学》壁报，特刊的内容有朱自清的《祝辞》，有费青的《联大灵魂颂》，有冯至的《招魂》，在《实学》的壁报上提出了"让一个民主堡垒，变成三个民主堡垒，无数的民主堡垒。"顺着石阶，进入走廊，有《新阵地》、《论衡》和《清华园》的校庆联合版。紧接着是《人民的歌》，回转身，对面的墙壁上是石印的一本小册子《联大八年》，正在发行预约。操着不同口音的新生，为了明了联大的传统精神，都蜂拥一般地挤在预约的桌子周围争先恐后地订购。

曾经一度为阅览室的三间房舍里，让影展占据了。内有"云南风光"，"学校风景"，"联大生活"，"一二·一惨案实录"，"五·四及二·一七大游行"。在每一个图片前，都围着许多人。最拥挤的地方是："联大生活"和"一二·一惨案实录"。

走出影展室，拐上一个小弯，到了礼堂的门前，两幅方块标语，一幅是："发扬联大精神，再接再厉，努力到明年校庆时，我们要做到不含眼泪的笑，痛快的笑，尽情的笑。"

另一幅是："团结，实干，活泼，民主。"礼堂里面，楼上楼下挤满了人。十时过后，在一阵热烈鼓掌声中，梅贻琦、胡适、黄子坚、陈岱孙、郑天挺、沈履等十来位教授鱼贯而入。司仪宣布开会后，梅贻琦出现在临时几个方桌拼凑起来的主席台上，用"男低音的嗓门"述说着八年来联大的史诗。黄子坚带着眼泪诉说着八年来的辛苦，胡适旁征博引，说明三校的"通家之谊"。

纪念会结束后，教授们都各自分散，留下来的校友与同学摸索着自己新分配的饭堂，北大同学很有礼貌，先让清华、南开与校友吃，自己却压轴子。

聚餐完毕，休息了一阵，开始下午的节目，第一个是诗歌朗颂晚会：有《校庆献词》、《种子》、《我们》、《给卡特林娜》、《市侩颂》、《我们歌颂你——西南联大！》、《听啊！站起来》、《总也要杀人》、《我们的旗》。高声呼吼，与低调呻吟，全场鸦雀无声；是那样严肃，是那样静穆，没有一个人不在寒风中抖起了精神，火花的活力又在跃动。

接着请教授讲演，第一位被请到台上去的先生是冯至。他认为今日联大师生的关系，只有拉丁字"共同奋斗"，可以表示出来。话不离本行，他希望：现在，过去，将来，永久的共同奋斗。他说三校的传统是：（一）对事实的认识；（二）刻苦忍耐；（三）互助精神。这种传统精神重新带到三校来，继续发扬光大。最后，他引用浮士德的一句话作结尾："假若我一旦躺在软床上，不能爬起，我的灵魂就交给魔鬼了。"

接着吴之椿教授，穿着蓝布大褂，头发已斑白，他说三校"同甘苦，共患难"的精神，是与民族国家的生死存亡休戚攸关。纪念过去，要从过去了解将来。讲到"联合"二字，最流行的有"联合国"、"联合政府"以及"联大"，但是不管任何联法，没有像西南联大有始有终，光辉灿烂的。其次，联大彼此间有大的度量，容人之最，是一件很重要的事。否则，不能长久维持，同时要有希望别人进步的精神，大家彼此竞争，不但希望个人好，而且要希望别人好。

演讲会的最后一位教授是闻家驷先生，他用低沉而悲痛的语调悼念着留在昆明的手足。联大犹如一个大家庭，有几个人永久的留在那里,这笔欠债是要还清的;他特别强调这并不是报复主义,而是从人性来解释,人之初有善恶,扬善除恶,是自然的道理。当他走下台后,主席宣布散会,人们带着沉重的脚步走出议院的门口,个个都泪眼盈眶,这时夕阳西斜,天空已将近暮色了。

选自北平《益世报》一九四六年十一月二日

// 梅贻琦、黄子坚、胡适谈联大校庆

刘时平

北大、清华、南开三校,为纪念联大九周年校庆,昨上午十时半在北大四院礼堂,举行纪念大会。到清华校长梅贻琦、北大校长胡适,南开秘书长黄子坚,各院系主任陈岱孙、郑天挺、沈履、马大猷、江泽涵等十余人及学生校友两千余人。首由梅贻琦主席领导行礼如仪后,即席报告联大八年来艰苦奋斗与三校始终合作到底之精神,继黄子坚与胡适致辞,兹将梅、黄、胡三氏之原辞节录如次:

梅贻琦致辞:怀念不能复员的师生

今天是联大成立周年纪念日,半年前,好多人还在昆明,半年后,大部分已经回到平津,在目前运输情形下,感觉到很侥幸,也很愉快。所以三校都愿意联合纪念这一天。今天大家

聚集在这个地方，大部分是来自昆明。想到九年前在长沙、在昆明，更想到开始领导联大之张伯苓、蒋梦麟、傅梦真诸先生没有来，还有很多师长或因特殊任务留在昆明，或因某种原因也不能随校来平津，前者如大家所爱护之查训导长，为了养成云南的师资，主持昆明师院，不仅只是政府的任命，也是经过同人的研讨，请查先生留下来的。同时怀念到从军与翻译员的同学，经过几年的辛苦工作，有的已经欢欣地回来了，有的已经牺牲在战场，固然为国家出力，牺牲在所难免，回忆起来，一方面很愉快，一方面也很感伤。特别是去年与今年夏天，由于当局的戒备不够，错乱措施，因而遭难被杀害者，今天更觉悲痛！

联大联合到底，三校原是通家

想起九年的工夫，在长沙、在昆明，三校联合的结果很好，同人咸认为满意。今后分开，三校联合精神还要保持并继续。前几年，教育当局说抗战中，好多学校联而不合，只有联大是唯一的联合到底，这不是偶然的，原因是由于抗战前，三校对事情的看法与做法，大同小异，人的方面多半是熟人，譬如：胡适先生即为清华校友，冯友兰先生是清华文学院长，但也是北大校友。再如南开之黄子坚先生，亦为清华校友，张伯苓曾为清华教务长，我本人亦为南开校友，已为"通家"。间或有远有近，但是很好（胡适在台下报以高声笑）。

抗战开始时，三校负责人都在南京，商议联合起来，计划定在长沙。当地有圣经学院，可以容纳九百人，同时清华在南岳正在营造房舍，所以决定到长沙。不幸胡适奉命到国外，有更重之任务担当，但是临行前，尚在机场停留半点钟，才飞走了，可见胡先生对于我们的关心了。后来南京失陷，武汉告急，长沙不易久在，才另外找地方迁校。当我们选择地方时，并不是专以安全为原则：因为单纯为安全可到西藏或喜马拉雅山。但是过分闭塞的地方，不是学校所在的目的地；到云南，是因为有滇越与滇缅两条路可以通到国外，图书仪器容易运进来。不幸，太平洋战起，越南与缅甸相继沦陷。这时被圈在里面，无法通出去，且安全又成问题，所以一部分又到叙永。政府曾经提醒我们注意，万一敌人攻云南时，得求一安全之地。可是仍不愿离开昆明，宁愿冒险去叙永是作万一的准备。后来因为联系上发生困难，过一年，又搬回昆明。后来敌人几乎要攻到保山了，两年前，贵阳一度告急，依然留在昆明，不打算逃难，幸而渡过去了。

曾有人讨厌联大，曾有人不让搬家

抗战胜利后，大家自然要复员。原来打半年主意，因为据说滇越路如果有材料，半年内就可以通车。幸而没听他们的话，过半年后，据说还得一年，现在再问，恐怕还得一年（全场大笑）。因而胜利后，又作一年计划，提早开学，到今年

三、四月，看见运输情形，还没有顶大的进步，其实从学术工作着想，与其搬家，不如再继续一年。到明年春天或可有更经济的办法，可是在那时，一般人"归心似箭"。有人说不是政府不让我们搬回去吧，因为联大是讨厌的（全场大笑），姑无论讨厌与不讨厌，但政府并没有不让搬家。

于是在"五四"结业后，开始搬，七月底就相继离开了昆明。同学搭义民还乡的车子，救济总署给了不少便利。教职员携眷运输困难，幸而三校同人努力奔走，出人意料，大部到达。现在不光是人，物品也有三分之一到达了。可以继续不断的工作。

三校合作精神应继续发扬

让我们八九年来在昆明同事的人想一想，在勉强的情形下，有勉强的结果；主要的是依仗了三校合作的精神，今后精神依然存在。为了以后的成就，本着原有的精神，互助合作，每个学校都可以对国家有贡献。

黄子坚说："略谓人总是喜欢回忆过去的，呈现在心目中有几个印象：开始在长沙，后迁昆明时，一部绕道香港，由滇越路到昆；另一部徒步到昆。当时随步行团的有曾昭抡、李继侗、袁复礼与闻一多先生。到滇后，文法学院初在蒙自，后迁昆明。直至二十九年敌机狂炸前，师生一致地好好作了两年学问。后来学校炸过几次，三校遂各派一人，通往各地重觅校址，漫川贵两省，当时在四川乡下乘滑竿者有三种生物：（一）

新娘子；（二）肥猪；（三）大学教授。最后才找到叙永。过去无论辛酸或欢乐，都可珍惜，不要把过去作一个累赘，历史可给教训，也可给累赘。把握现在，展望将来，使三校在学术上之贡献，与日俱增。南开虽小，而尽了力量，愿追随作友谊之竞赛。"胡适说："我是客人，但不敢自外，因为如以九年计，也是创办人之一，且为倡组临时大学者。后来到美国，'临大'决迁昆明，当时有最悲壮的一件事引起我感动与注意：师生步行，历六十八天之久，经整整一千里之旅程。后来把照片放大，散布全美。这段光荣的历史，不但联大值得纪念，在世界教育史上也值得纪念。说到三校是'通家'，在美时，曾为全美清华同学会总会长，现在还是南开的董事；战前清华校长罗家伦是我的学生；现任北大文学院长汤用彤、理学院长饶毓泰都是南开之教授，江泽涵也是南开校友；清华教授朱自清，是北大校友……诸如此类，举不胜举。如果说梅贻琦为清华第一代老祖宗，我就是第二代老祖宗（哄堂大笑）。九年来的合作是最高兴的一件事，别的大学在困难中，不能持久；而三校在流亡九年，甚至于搬家和招考时三校都是联在一起。当我赴京出席中研院评议会时，梅贻琦与陈岱孙先生来看我，曾经说：'三校有九年共患难的历史，过去休戚相关，现在休戚相关，将来也要休戚相关。'"

在热烈地长时间的掌声中，唱校歌，散会。

选自北平《益世报》一九四六年十一月二日

// 记联大九周年校庆纪念诗歌朗诵会

戈 翼

本月一日是西南联大九周年校庆纪念日。那天,除了上午十时由校方主持的庆祝会以及晚上的话剧表演之外,下午二时,还举行了一个盛大的诗歌朗诵会。无疑地,在寂寞的故都里,这是一个新的具有文艺意味的尝试,它扩大了校庆纪念的意义,使这辽阔的沙漠里,开出一枝异样灿烂的花朵。

下午二时,国会街北大礼堂里,挤满了好几千同学,他们有的是北大的,有的来自清华,更有来自天津南开的。

"磕头了,老朋友。"

"回来替妈妈祝寿啊!"

他们都是这样招呼着,礼堂里,洋溢着新的活力。这班有理智有热情,爱自由爱民主,爱国家爱人民的青年,聚在一起了。

开会并没有什么繁文缛节,主席约略讲了几句话,就开始诗歌朗诵。

第一个节目是朗诵吴晗先生的《校庆献辞》。他说:"联大是自由的摇篮,民主的堡垒,战争中的产儿。"又说:"联大的精神是富贵不能淫,威武不能屈,贫贱不能移。"更提起"一二·一"烈士的陵墓,闻一多先生的衣冠冢,最后说:"发扬联大精神,再接再厉。努力到明年校庆时,我们要做到不含眼泪的笑,痛快的笑,尽情的笑。"

第二个节目朗诵《我们》这首诗,象征中国农工阶级的怒吼,象征下层社会被压榨、鞭策后要求"民主"的热情,忿怒、愤慨的气氛淹没了整个会场。"我们是人民!"他这样地呼喊着,"专制的魔鬼,听听罢!崩溃没落的日子就要来临了。"

最富有文艺气息与悲哀意味的,那该是以下的《给卡特琳娜》了。那是由一位女同学朗诵的。卡特琳娜是帝俄时代的一个女子,她生活在阴暗的魔鬼的手掌下,正像现在中国有许多女子一样,她的一生是充满中古悲剧意味的。那位女同学银铃也似抑扬的声音,把整个忧郁悲哀的情绪似乎传染给全体听众了。清晰的字句,犹如在你的心弦上,一下一下幽静地敲着。

"今天校庆该欢欢喜喜,为什么要唱这些诗呢?"同学们都窃窃私议着,会场里漾起了如雾样忧郁的气息。

我应该感谢排节目单的人,给我一个精神上的休息,也给笼罩悲哀情调的整个会场,解了一个围,连下去便是一个讽刺而又轻松的《市侩颂》。这是郭沫若先生的作品,由某先生(姓名忘了)朗诵,某先生的嗓子,哑咽,含糊,而且带点老声老气，活脱是个市侩的神气。他眼睛翻着，白多黑少，尽在眼镜框了外区人，不由使我联想起鲁迅先生《狂人日记》中，被狂人骂过"陈年流水"簿的那位掌柜先生。看了这副神气，便不觉忘了忧郁暗暗发笑。再一配上郭沫若先生轻松讽刺的笔调（诗句或有误，恕不记得）：

打仗！有甚么不好？
都是开开玩笑！
兵士们才是傻瓜，
希特勒跟丘吉尔有交情！
听说赫斯在伦敦吃得很饱……

打仗！有什么不好？
仗越打越糟，
物价越跳越高！
…………

听到这里，大家忍不住放声大笑了！

再其次的《站拢来!》，该是让我们正视到一个光明面了。那位同学的嗓音，活像是个号角，他呼吁为"民主"、"自由"斗争的人"站拢来"！他的企望光明的姿态，与热烈呼吁的声音总留在我的脑海中，直到这时，还似乎觉得他在我的耳畔喊："站拢来，光明就要来啦！"

再次一个节目《给美国》，要求美国兵退出去，不要搅入我们内战的漩涡中。这个歌，又使我想到内战的危机，不知名的忧郁,又渐渐地笼罩到心上。

以下一个《她也要杀人了》,更使我的心灵沉浸在极度的悲哀里。这是描写一个沦陷区的妇女,自己被敌人强奸,孩子被敌人杀死,她拿了刀子,在森林里发狂,凄切、悲哀而带着反抗的精神。这首诗,告诉我们在战事中,我们的同胞蒙受到如何不可补偿的损失。

最后,朗诵《我们的旗》,这是哀悼闻一多先生的。主席抱歉地说:"在校庆日子本来不该朗诵这些惨痛的作品,然而我们不能忘记闻一多先生!"我听了他的报告,一颗悲哀的心,更沉重起来了。我怕听这首诗,我简直拔脚想逃。然而,我没有,我还是要听,听这个血淋淋的惨痛的教训。

全场严肃得没有一点声息,同学们的头全低下了。但是,他们的耳朵竖得顶高的,一字字,一句句,都像一把把锋利的刀子在每一个人的心版上刻划着不可磨灭的创伤。诗有三十多句,但我嫌它太长,我的心实在不能支持这样长时间的割裂;同时,又嫌它太短,不足以阐扬闻先生殉国殉民主的精神。

在这个世界上,

闻一多,这名字,

已是属于

每一个人民的,

……………

诗是读完了,我悠然地喘出一口紧压着的气,我发觉我的眼睫上有点潮润。

"校庆日子该笑啊！"我心里想，偷偷地用手帕拭了拭眼，脑海里顿时又想起了吴晗先生的校庆献辞：

"发扬联大精神，再接再厉。努力到明年校庆时，我们要做到不含眼泪的笑，欢快的笑，尽情的笑。"

六日追记

选自《大公报》一九四六年十一月三十日

// 招魂与永生
——记西南联大九周年校庆

郭　根

　　那一个爱正义者的心上没有我们？
　　那一个爱自由者的脑里忘却我们？
　　那一个爱光明者的眼前看不见我们？
　　你们不要叫唤我们回来，
　　我们从来没有离开你们，
　　咱们合在一起呼唤吧！
　　正义快快地回来，
　　自由快快地回来，
　　光明快快地回来！

　　这是联大教授冯至先生对"一二·一"惨案死难者所作

《招魂曲》的后半阕，我觉得它很可以诉说出联大的精神。尤其当联大在形式上解体的今日，多少人（特别是文化界和教育界）在向着冷落了的昆明怀着无限的相思之情，而太息于联大已成了历史上的名词时，他们对于那曾经可歌可泣的联大是在默默中想着为之招魂的。

十一月一日是联大第九周年校庆日，散在北大清华和南开的联大旧人都聚拢来为这个已不存在的母校而祝寿。记者怀着一种凄怜的心情跨进北大四院的大门，然而当我看到如许的壁报，如许的热情的孩子们，如许的和蔼可亲的先生们的时候，我猛然间感觉到联大并没有死亡，联大的确是回来了，至少他们灵魂是回到这古城里了。这个只剩了一副空壳过了八个寂寞的年头的北平城，将借了联大的魂而复苏而活泼起来。

我仔细地读了他们的壁报，他们的纪念特刊，我仔细地看了他们的昆明学校生活照片，我仔细地听了他们的诗歌朗诵以及三位教授的演说，我更观察了他们师生之间的交处——我感觉到我已经体会着了联大的存在，联大两个字就是代表着"民主与团结"，也就是华莱士先生所说"联大是中国民主的堡垒"，这是一点也不错的。

这个堡垒是怎么形成的呢？无疑最初是由于教授治校制度之建立，那是在最初，联大就有了民主的基础。特刊中曾说："学校的立法机关是教授会议，由全体教授参加，讨论决定学校的方针，这是一个可歌颂的制度，由于教授治校使联大能岸然独立，摆脱教育界的浊流，不受党化教育的影响。"

教授治校首先可以避免了校长的独裁。教授也得以兼容并蓄，他们告诉了我："联大的教授先生们，尽管他们的人生态度、治学派别、政治意见各有不同，然而都能见容于一校，相因相成。"又说"他们有良知，有远见。羞为多士之诺诺，独作一士之谔谔。关心社会，关心人民"，更具体一点说，"教授都是有良心的，而学生都不是读死书的"——就这样就奠定了这个民主堡垒的基础。

基础奠定了，它又是怎样长成的呢？

他们又告诉了我，联大师生都是以"自由研究独立思索"的态度来追求真理，"因为大家都相信，真理不必要求特权和垄断，在大家的面前拿出事实来，拿出道理来，让每个人自由的寻找、独立的思索，谁也不必做谁的尾巴，自然而然真理就会得到自己的信仰者。学校当局这样相信，教授这样相信，同学这样相信，于是一起努力地在校内开辟这样一个园地，养成这样风气，联大精神形成了。"

联大具有了这样的基础，又具有了这样的奋斗精神，于是"猛一得到真理就不惜以性命来保卫他"（闻一多先生这样死了，四烈士这样死了！）。"这就是联大的灵魂。"

费青教授曾撰《联大灵魂颂》，他说，联大的灵魂就是孟子所说的"贫贱不能移，威武不能屈，富贵不能淫，此之谓大丈夫"。他更以闻一多先生作为具体的例子，他说："闻一多先生的睿知明察，岂在时下一般高明教授之下？亦很足以明哲保身，清高一世。可是，他的气节，他的热忱，他的正义之感，他的高崇人格,不允许他低头,不允许他不说话。于是,终于求仁得仁,壮烈地完成他所负的时代使命。""一多先生才真是大丈夫!"

在联大纪念会上,空气是那样严肃,在我的记忆中还没有过这样严肃的校庆日。我感觉到我分明是参加了一个追悼会,大家都在怀念追思闻先生。在会场中,所有的语句,无论是写的或讲的,多少都是对他或因他而发。闻一多无疑已成了联大的"校魂"。

闻家驷教授作沉痛的演说,他说,联大现在复员了,但有几位同学和闻先生都永远不能复员了。

他们是为了争取民主而牺牲,同学们必须时时记住,我们不能欠债,尤其不能欠死人的债!如果民主一天不能实现,我们就永远欠他们一笔大债!

这样,争取民主的实现成为了联大同学(不是"同学",据冯至教授的意思应是"共同奋斗者")今后神圣的义务。

但是联大已解体了,教它如何贯彻这个神圣工作呢?吴晗教授这样说:"联大分为三校了,它原来继承了三校的优良传统,综合而贯通者经过九年的磨炼,现在分开了,过去的联大只有一个,而今天则是三个。说实话,岂止这有形的三个而已,遍中国只要有联大同人服务的场所,就有一个联大在。""联大是永生了!"

在今天,这个荒凉的大城里,抬来了联大不灭的英魂,凭了这些热情的青年们的奋斗(他们喊过:"你们死了,还有我们。") 联大确是可以永生的,以迄于正义、自由、光明之来临中国。

在会场外,有人说,西南联大的历史,象征了中国人民的和平合作精种,几年来人民所求与各政党所同意组织的民主联合政府,不就是联大的放大吗?有这辉煌的典型例在,我们衷诚地发出号召,要求政治家们、公仆们、各政党的领袖们快学习西南联大,全国祈求民主、爱好民主的人民快学习西南联大!

又说,我们庆贺联大校庆,因为他走的路是民主、自由、独立、和平、建设与进步的路,也就是中国人民所应走的路。所以,庆贺联大校庆最好的方法,就是学习联大!

让联大永生吧,为了中国。参加了这个纪念会的人们大都会有这样一个愿望。

(十一月二日寄)

选自《文汇报》一九四六年十一月十一日,又载于作者一九四九年二月在知识与生活出版社出版的《北平三年:从惨胜到解放的一段旅程》

// 西南联大成立九周年三校师生集会纪念
佚 名

一日为西南联大成立九周年纪念，北平联大学生于晨间在国会街举行纪念会，到师生甚众。梅贻琦校长首先致辞，回忆联大三校合作之良好成绩及特点，愿复员后仍不忘这一段历史。南开黄子坚教授称："昆明、北平天气高爽相似，惟北平比较冷一点，盼今冬能不太冷，大家能够过得去。"胡适校长九年在国外，彼亦回忆三校纠缠不休之密切关系，勉同学读书，午后有诗歌朗诵。吴晗等六教授讲演及歌咏等。晚间举行游艺会，话剧节目有《未婚夫妻》、《不准小便》等。清华同学昨日多进城，膳食亦与国会街合并，颇有团圆气息。壁报新出甚多，并出纪念特刊，师生合作，佳作甚多。

西南联大校庆一日午后举行歌咏会，节目有《祝辞》、《市侩颂》、《她也要杀人》、《我们的旗》，后者是纪念闻一多的，朗诵的调子激昂明快。接着是演讲会，冯至说："德国学校称同学为'康敏密里多'，意即共同奋斗。今天我称同学也有此感，勉大家认识现实，艰苦互助，继承联大精神。北平比昆明舒适，浮士德说：'躺在软床上，我的灵魂怕要出卖给魔鬼。'今天同学们进了洋楼，教授们坐了破沙发，不要也忘了过去而中止奋斗。"吴之椿也勉励大家把联大精神保持到将来为人作事上。联大八年不只学术合作，实在是民族国家个人衰亡挣扎的合作。联大精神是有容人雅量，希望别人与自己共同进步，亦即民主精神。"联"字盛行世界，如联合政府、联合国大会，但未有如西南联大合作八年的好榜样。闻家驷说："我们复员成功了，但是'一二·一'惨案、'七一五'血案的同学们和闻一多没有了复员的权利，而且被剥夺了活在这世界的权利；我们欠了死人的债，因为他们的死是思想言论自由受迫害的具体表现。我不主张报复，但是这种残酷的人类前途必须终止。我们要还债，死人的债是欠不得的。我不是由于兄弟手足之情来呼号，作一个公民，为人的将来想，我们不要忘却。"又联大、"临大"同学友爱精神充分表现在壁报上说："我们是好朋友，我们是兄和弟。"国会街这大院子里如今已没有了东北行营的衙门气息，垂柳草地两皆枯黄，但是炽热的青年们似乎在空气里也触摸得到，他们说："这民主堡垒化成了三个，还要化成无数个。"

选自《大公报》一九四六年十一月二日

西南联合大学九周年校庆祝辞

朱自清

国立西南联合大学九年来总算做了自己的工作,尽了自己的责任。现在北京大学、清华大学、南开大学复员了,西南联合大学已经不再存在,但它的精神是会永久存在的。这十一月一日的校庆是永久值得纪念的。

现在北大、清华、南开三校复员同学会和北平联大校友会在北平庆祝联大的校庆很有意义。在这复员快要完成的日子,大家抚今追昔,多少总有些感慨罢。来日大难。可是前途无限;三校虽然分开,一切该还是本着联合的精神,向前进行的!敬祝。

选自《西南联合大学九周年校庆纪念特刊》,国立西南联合大学九周年校庆筹备会编,一九四六年十一月一日出版

// 祝联大校庆

佚 名

经过战争中九年融洽无间的合作，经过悠长艰苦的纵贯中国的旅程，国立西南联合大学复员回到平津。在北大、清华、南开三大学分别独立以后，西南联合大学的师生还在这学校成立的一天，十一月一日，假北大四院举行校庆纪念，这是一件极有意义的事，极可庆贺的事。

说有意义，我们要指出：

第一，西南联大以民主堡垒著称于全国，甚至全世界。在过去九年中，不但在学术上有重大贡献，在促进团结，争取和平，教育群众的工作上，一句话，在血写的民主运动史上有其光辉的成就。

第二，西南联大的历史，也就是一部抗战史，它象征了中国人民在战争中的苦斗，象征了中国人民在苦难中的团结，更象征了中国人民的和平合作精神。三校已分别独立了，今天还能在此时此地举行盛大的校庆典礼，就是一个现实的例子。

第三，尤其重要的是这大学的成功史，具体地指出中国人民要渡过这可怕的难关，有其必然的道路。几年来人民所要求成立，各政党所同意组织的民主联合政府，不正是西南联合大学的放大吗？有这辉煌的典例在，我们衷诚地发出号召：政治家们，公仆们，各政党的领袖们，学习西南联大！全国祈求民主，爱好民主的人民，学习西南联大！

放下枪杆吧，枪杆不能摧毁西南联大，枪杆更不可能创造西南联大。

西南联大的路是民主，自由，独立，和平，建设，进步的路，也就是中国人民所应走的路。

我们庆贺西南联大校庆，因为它象征了中国人民的精神，指出中国人民该走的路。

我们庆贺西南联大校庆，因为它代表了这时代，人民世纪的精神，喊出人民的愿望。

我们庆贺西南联大校庆，因为联大精神不但由分立的三校，更有力更广大地继承下来。而且，由于联大成员之广泛地服务于各社会工作部门，联大精神弥漫于全国。

我们要指出，庆贺联大校庆的最好方法，是学习联大！

选自《民主周刊》一九四六年第十三期

// 联大校庆小感
佚 名

自以为聪明的人,总往往希冀别人都是傻瓜,都是白痴;以处身在无声的群中,无人反抗他底聪明为满足,为荣耀。

举这次联大校庆为例,便有不少自以为聪明的人,在企图着不让大家有所追念,有所呼喊;怕大家见到流过的血,走过的路,想起未来的方向。

这虽迹似聪明,然而实际是愚蠢。

血的路不是用空话,用威吓,用枪弹便可以掩盖得了的;更不是不开一个会便会断绝的。

联大八年,逝去的日子已为我们留下了一段箴言:唯有共同的生活,共同的工作,才能萌发纯真的友情;唯有这种友情,才得团结一群青年,爆发巨大的力量;也唯有这种力量,才足以冲破黑暗的天地,到宽广的生活里去游泳。

据说明年再在南开举行一次庆祝会,以后联大校庆便不再纪念了,好吧:新的一群,早已经联合起来了。

选自《燕京新闻》一九四七年十一月三日"学生小论坛"

// 合作精神
——祝西南联合大学校庆

《益世报》社论

  本日为国立西南联合大学校庆纪念日。西南联大的创立不但是我国近代教育史辉煌之一页，即在中日战争史上，亦为空前重要之一章。当兹校庆纪念，吾人略述联大在我国抗战建国史上之功绩，藉表贺忱，并励来兹。

  自二十六年七月七日卢沟桥事变，平津失守，北大、清华、南开三大学奉政府命迁往长沙，于小吴门外圣经学校原址，合组为国立长沙临时大学。于十一月一日开课，是为联合大学肇建之始。设文学院于南岳衡山，法理工学院于长沙，以三大学校长蒋梦麟、梅贻琦、张伯苓为常务委员，主持校政。时上海战事方酣，南京危在旦夕，华北浙江居民，相率西迁，一时湘江衡岳，顿成文化中心。迨京沪相继不守，武汉华中，为敌震动，政府乃命长沙"临大"，再迁云南。师生一部分徒步经湘西、贵州丛山入滇，一部分从粤港借道安南达昆明，于二十七年四月二十六日全部迁竣，旋即改名国立西南联合大学，是为联大定名之始。入滇之初，设理工学院于昆明，借用省立昆华农工师范诸校，文、法二院则设于蒙自，于是年五月四日开始上课。五四者，我国新文化运动纪念日也。越半年，迁蒙自文、法两院于昆明。是年秋，增设师范学院，是为今日昆明国立师范学院之始。二十九年因昆市校舍不敷，设分校于四川省叙永，一年后并归昆明本校。时西门外之新校舍已落成，虽土垣茅瓦，而弦歌不辍，一时金马碧鸡，春风广被。抗战八年，昆明取代战前北平文化城之地位，实由三大学合作于斯，一时文法科学大家及莘莘学子，荟萃西南，有以致之。其创设经过，略如上述，再请言其精神与影响：

一曰兼容并包转移学术风气。西南联大合北大、清华、南开三大学而组成，三校各有其规模基础与不同之历史与独特之校风。自长沙合并起，前后凡八年，"同无妨异，异不害同，无色交辉，相得益彰，八音合奏，终和且平"，开我国学术风气之先声，集第一流学者于一校，一时蔚为大观。所谓"内树学术自由之规模，外来民主堡垒之称号"，盖纪实也。此种"万物相育而不相害，道并行而不相悖，小德川流，大德敦化"的教养精神，原为我古圣先贤之教育宗旨。三大学创于艰难困苦之中，树立此种风气，与抗战相终始。我中华民族所以不亡于倭寇者，当必因此种博大精神有以致之，此其一。

二曰散布文化种子开辟西南教育。初入滇者，该地文化水准特低，中学程度之差，几无法与中原诸省相较。自联大迁入，历年毕业学生，深入滇黔诸省民间服务：大半从事中等教育，小半服务工商行政机关。八年以来，遍布西南深山穷谷之间，中小学教育水准为之提高。观乎近年滇黔籍考取第一流大学人数之多，与乎今日三大学中滇黔籍同学研习成绩之佳，八年之间，使云南一省之文化，超迈沦陷诸省，要皆联大之功，教育救国，于此得一明证。

三曰助益抗战毕竟全功。云南居西南高原，接壤缅越。自联大迁入，西南地质生物诸科学工作，多由联大师生为之努力，滇缅公路及铁路之勘测，亦大半为该校工院人士。尤有进者，即美军义勇队初来我国，即由联大学生参加服务，前后于役盟军可考者，达八百余人。从征缅甸，远涉印度，勇往直前，一如将士。今河山既复，日月重光，吾人纪念联大校庆，固应特别对殉职师生敬致哀悼。"礼乐射御书数"原为我国古代教育之六艺，孔子且云"不教民战是以弃之"，而"明耻教战"为儒家之根本精神。唐宋以降，士大夫囿于文事，遂使我国教育，文武异途。自联大从军之风起，各校相率响应，而我国原有良好之教育精神，乃得恢复。其于战功，犹其次也。冯友兰博士撰西南联大纪念碑云："南渡之人未有能北返者：晋人南渡，其例一也；宋人南渡，其例二也；明人南渡，其例三也。风景不殊，晋人之深悲；还我河山，宋人之虚愿。吾人为第四次之南渡，乃能于不十年间，收恢复之全功。庾信不哀江南,杜甫喜收蓟北……"此次南渡诸人所以能北返者,由于南渡者不颓靡,相率奋起,参与抗战工作,自科学研究,至投笔从戎,兢兢业业,誓为民族生存奋斗,精神不灭,终获胜利,与晋宋南渡自不能同日语。三校合作之精神,即我中华民族坚强毅力之表现,诚亘古以来所未有者。"生于忧患",于此益信。

联合大学之战时使命既已完成,于三十五年五月四日结束,以师范学院留居昆明,树纪念碑文,以志不忘。三大学今已各返故居,复理旧业,而国家糜烂,遍地烽烟,民生困敝,过于抗战;甚盼我学人能继续联大之合作精神,为民族国家前途,奠定人才基础,庶几联大之辉煌历史,得以永存勿替。

选自天津《益世报》一九四七年十一月一日

// 怀联大

清华一同学

编者先生：

记得联大第一次在平校庆时冯至先生曾说过，此后是轮到联大来接受最后一个"富贵不能淫"的考验了，今天联大是否经起了这个考验呢？民主的园地上还有着贵刊，和大饭厅前的壁报等在努力，然而我们似乎总觉得缺乏了联大时所有的生气。

联大时我们拖着破皮鞋、破甲克，住的宿舍还远不及现在好，但是我们却都热情洋溢，生命力充沛，从没有如现在的同学那样的呻吟着寂寞。那时我们有多少的晚会，每个晚会又是多么充实而令人激动。晚会上我们遇见由校外来的，各阶层的人，新闻记者，中学生，工人……那时我们的晚会不只是一个校内活动，似乎还有更大的意义——结合着被压迫的人共同反抗。

于今同学的生活变得沉寂，这沉寂并不是自治会多放几次电影所能挽救回来的，和联大比比我们缺乏了些什么？我们似乎失去了一种燃烧着的生命力。

客观环境恶劣也许是个原因，我们的生活环境是不是也有关系？我常想到在昆明时我们和我们的先生，同处在恶劣政治与通货膨胀的压榨下，那时我们容易去了解被压迫的痛苦，通过自己生活的体验，愤怒愈加感到深切。复员以来，生活比以前优裕了，同学一般的经济情况似乎也改善了些，因而对现在的观点也只基于对受苦大众的同情心，我们似乎和现社会的压迫者渐渐远离了。

编者先生希望您能征集同学对此的意见：以后我们的生活是应该回到战前清华的水准，还是在经过近十年炮火洗礼，民主熏陶后，新时代应有一个新的生活标准呢？在新的生活下我们又应如何恢复联大的精神？我希望同学们能对此发表许多宝贵的意见。

此颂

清华一同学　四，二十一日

选自《清华周刊》一九四七年复刊第一〇期

// 西南联大在北平

贞

教育法西斯化了,学校成了党棍子、特务横行的天地,大多数男女青年学生,成了被无知、愚昧、武断、盲从、统制、压榨下的牺牲品。西南联大在北平举行校庆会,居然有如下一些节目:唱出《市侩颂》、《她也要杀人》、《我们的旗》等歌词,教授们的说话,都非常感人而切中时弊。

例如冯至教授说,德国称学校同学为"康敏密里多",意即共同奋斗。他深恐同学们到了北平,把奋斗松懈下去,又引了浮士德的话,说:"躺在软床上,我的灵魂怕要出卖给魔鬼。"吴之椿教授说,要把联大精神保持到将来……"联"字盛行世界,如联合政府,联合国大会,但未有如西南联大合作八年的好榜样,联大八年不只是学术上的合作,实在是民族国家个人忘我的合作。闻家驷教授更说得沉痛,他说:"我们复员成功了,但是'一二·一'惨案、'七·一五'血案的同学们和闻一多,没有了复员的权利,而且被剥夺活在世界上的权利;我们欠了死人的债,因为他们的死是思想言论自由受迫害的具体表现。我不主张报复,但是这种残酷的人类前途必须终止。我们要还债,死人的债是欠不得的,我不是由于兄弟手足之情来呼号,作一个公民为人的将来想,我们不要忘却。

这样看来,西南联大师生之在北平,仍是一座民主堡垒,一种自由象征,我们祝望:不仅把联大精神保持到将来,而且要发扬联大精神,使联大精神弥满于中国!

选自《唯民周刊》一九四六年十一月九日第三卷第八期

// 祝联大永生

莫 姑

今年的十一月一日是国立西南联合大学的第十个生日，也是北大、清华、南开三校最后一次联合纪念联大校庆。也即是说自明年起，联大校庆不再关在三校大门以内被人纪念追怀，联大将被全中国各地每一个受过它精神熏染的人所永志不忘，联大永生了！

联大，就它的精神，和它对于近十年来的中国政治社会所起的影响而论，实在是中国，甚至全世界上一所最大的学校。现在它虽然已从有形的存在化为无形的存在，但是联大这响亮的名字将继续黑暗的中国，而通向将来。

作为联大儿女的我们，北大、清华、南开的每一个同学都应为继续发扬联大精神而努力，在一切魔手统治的地方建立民主自由的堡垒，巩固它并扩大它，直到民主胜利的日子到来。那时我们可以放声大笑，痛快的笑，尽情的笑；笑着用红色的字,把联大这个光辉的名字在历史的一页上,写下。

选自《北大清华联合报》一九四八年第四期

// 西南联大的精神

冯友兰

中华民国三十四年九月九日,我国家受日本之降于南京,上距二十六年七月七日卢沟桥之变,为时八年,再上距九月十八日沈阳之变,为时十四年,再上距清甲午之役为时五十一年。举凡五十年间,日本所鲸吞蚕食于我国者,至是悉备册籍献还,全胜之局,秦汉以来所未有也。国立北京大学,国立清华大学,原设北平,私立南开大学,原设天津,自沈阳之变,我国家之威权逐渐南移,惟以文化力量与日本争持于平津,此三校实为其中坚。二十六年平津失守,三校奉命迁于湖南,合组为国立长沙临时大学,以三校校长蒋梦麟,梅贻琦,张伯苓为常务委员主持校务,设法理工学院于长沙,文学院于南岳,于十一月一日开始上课。迨京沪失守,武汉震动,临时大学又奉命迁云南,师生徒步经贵州,于二十七年四月二十六日抵昆明。旋奉命改名为国立西南联合大学,设理工学院于昆明,文法学院于蒙自,于五月四日开始上课。一学期后,文法学院亦迁昆明。二十七年增设师范学院。二十九年设分校于四川叙永,一学年后,并于本校。昆明本为后方名城,自日军入安南,陷缅甸,乃成后方重镇。联合大学支持其间,先后毕业学生二千余人,从军旅者八百余人,河山既复,日月重光,联合大学之使命既成。奉命于三十五年五月四日结束,原有三校,即将返故居,复旧业。缅维八年支持之苦辛,与夫三校合作之协和,可纪念者盖有四焉:

我国家以世界之古国,居东亚之天府,本应绍汉族之遗烈,作益世之先进,将来建国完成,必于世界历史居独特之地位。盖并世列强虽新而不古,希腊罗马有古而无今,惟我国家亘古亘今,亦新亦旧,斯所谓困难兴邦,其命维新者也。历代之伟业,八年之抗战已开其规模,立其基础,今日之胜利,于我国家有旋乾转坤之功,而联合大学之使命与抗战相终始,此其可纪念者一也。

文人相轻,自古而然,昔人有言,古今同慨。三校有不同之历史,各异之学风,八年之久,合作无间,同无妨异,异不害同,五色交辉,相得益彰。此其可纪念者二也。

万物并育而不相害,道并行而不相悖,小德用流,大德敦化,此天地之所以为大,斯虽先民恒言之,实为民主之真谛。联合大学以其兼容并包之精神,转移社会一时之风气,内树学术自由之规模,外来民主堡垒之称号,违千夫之诺诺,作一士之谔谔。此其可纪念者三也。

稽之往史，我民族若不能立足于中原，偏安江表，虽曰南渡，南渡之人未有能北返者。晋人南渡，其例一也。宋人南渡，其例二也。明人南渡，其例三也。风景不殊，晋人之深悲。还我河山，宋人之虚愿。吾人为第四次之南渡，乃能于不分季间，收恢复之全功。庾信不哀江南，杜甫喜收蓟北。此其可纪念者四也。

联合大学制定校歌，其辞始数南迁流离之苦辛，中颂师生不屈之壮志，终寄最后胜利之期望，校以今日之成功历历不爽，若合符契。联合大学之终始，岂非一代之盛事，旷百世而难遇者哉！爰就歌辞，勒为碑铭。铭曰："痛南渡，辞宫阙。驻衡湘，又离别。更长征，经峣嶱。望中原，洒泪血。抵绝徼，权讲说。诗书器，犹有舌。尽笳吹，情弥切。千秋耻，终已雪。见仇寇，如烟灭。起朔北，迄南岳。视金瓯，已无缺。大一统，无倾折。中兴业，继往烈。维三校，兄弟列。为一体，如胶结。同艰难，共欢悦。联合竟，使命彻。神京复，还燕碣。以此石，象坚节。纪志碑，纪先哲。

选自《智慧周刊》一九四六年第八期，此文部分词句及标点与西南联大纪念碑碑文有差异，本书收录杂志所刊版本，供读者参考和研究

联大进行曲

引
冯友兰作

八年辛苦备尝,喜日月重光,愿同心同德而歌唱。

校歌词(满江红)
罗庸作

万里长征,辞却了五朝宫阙。暂驻足衡山湘水,又成离别。绝徼移栽桢干质,九州遍洒黎元血。尽笳吹弦诵在山城,情弥切。千秋耻终当雪,中兴业须人杰。便一成三户,壮怀难折。多难殷忧新国运,动心忍性希前哲。待驱除仇寇复神京,还燕碣。

勉词
冯友兰作

西山苍苍,滇水茫茫。这已不是渤海太行,这已不是衡山潇湘。同学们莫志记失掉的家乡,莫辜负伟大的时代,莫耽误宝贵的辰光。赶紧学习，赶紧准备，抗战，建国，都要我们担当，都要我们担当。同学们要利用宝贵的时光，要创造伟大的时代，要恢复失掉的家乡。

校歌词后半阕（两遍）

千秋耻终当雪，中兴业须人杰，便一成三户壮怀难折，多难殷忧新国运，动心忍性希前哲，待驱除仇寇复神京，还燕碣。

凯歌词

冯友兰作

千秋耻终已雪，见仇寇如烟灭，大一统无倾折，中兴业继往烈。维三校如胶结，同艰难共欢悦，使命彻，神京复，还燕碣。

张清常作曲

选自昆明《中央日报》一九四六年五月五日

公送国立西南联合大学北归复校序

白之瀚

日人之袭我卢沟桥也，北平之国立北京清华、天津之私立南开三大学，深维战祸之未可遽也，将为内迁计。既承国府命于是抱其仪器图书，扶携而南，始业于长沙，继止于昆明，因合并之为西南联合大学，结茅立舍，弦诵一如其平时。留滇九年，凡所以导扬文化恢宏学术者，无不至，一时可教之盛，遂使昆明屹然为西南文化之中心。迄夫胜敌收京，卒共国土重光复焉。视彼宋太学明东林，迫外患兵乱为散灭者，尝可同月年语。

於戏，当大敌深入，合师弟子数千人，冒锋镝栉怵之艰，奔徙万里之地，颠沛匮乏，极生人所难堪，而搏附坚固，磨而愈光。盖振古以来，所未有也。复乎伟已！

乃者：将以暑期，各迁于本校，滇人闻而动色相语，走同诸商会请以一言永可为纪念者。爰共议之曰：联大之于滇，自师范学院附属中学之设立，本省各级学校之匡助，学术公开之演讲，以及公私纵划之期间，庶政百业之赞导，既至繁巨，不可以类举。且皆所谓迹象条目之事，规抚而步趋，尤可渐弥其不逮，故即可类举，亦殊不足为联合大学重。若夫会通本源钩提纲要，则请举其尤远大者：

一则学界风气之转移也。滇人士之从事教育，垂五十年，虽用力甚勤，而观摩阙如。自联大南来，亲见其蒙难艰贞，锲而弗舍，举亨困夷险祸福，胥不能夺其志。因推阐其本末一贯之理，知夫施诸治学则为一空倚傍，实事求是，则为知耻适义，独立无惧。反之于力，则为富贵不淫，贫贱不移，威武不屈。推之于人，则为直道而行，爱之以德流折之，则为个人之品格，合之则为一校之学风，其不志温饱，特全德发表著之一端耳。

叹联大诸先生，大多在校数十年，乃至笃守以终力，是定菲食恶衣，所能尽哉？惟其然也，故所以不厌不倦者，自敬其业，事业乃久。以不忧不惑者，自乐其道，而道乃尊。夫然后教育事业之神圣，学术思想之尊严，乃有所丽，而可久维于不敝。如是熏习而楷模焉，久与俱化，他日士气民风，奂然丕变，溯厥从来，知必有所由矣。

比重关系，为何如者？一则滇事之彰明也。智以僻远罕间中土人士之足音，故自来言滇事者，非臆说武断，即影附支离。阮元檀萃之伦，牵于职事，为时亦暂。杨慎谪居虽久，偏擅惟在词奉，以后滇事鲜所发明。自联大南来，集诸科多数之专家，得悠长之岁月，或以修志躬莅其地，或受委托精究处事，其已结集者，不少成书，其待编行者，一应层出而不穷。凡兹所为，均可谓知类通方，开物成务，有关国计民生之大者。于是滇之为滇，始而一扫阴霾，与天下相见。后召整理开发之者，其必以是为借镜，此其教惠，又何如者！

抑闻社会学家之其曰：一民族皆召潜力，惟恒有待他力之启发。晋由清谈，嬗为六朝之佛学文学；宋由说经，衍为朱陆之理学。乃至欧洲之由复古而文艺复兴，咸由遘乱避地，因外力之激荡，抄逼吐纳，以开其后来之运，而莫不肇端于学府哲人。今联大之迁而复归，与夫时代使命之尤为重巨，因自与其等殊势，第一其所以开拓文明，将启新运也，则一。刊诚，吾辈举族所托命者，而滇以亲近沾溉之久，内期横经之士，循涂契旨，以遥接其声光；外期员以长之子，不之他而之三校，以近挹其教泽，则形骸虽移，而精神之忻合，将永继之于无涯也。念风雨之如晦，寄仰止于高山。吾滇人可不尤加勉乎？众曰善，是滇人之公言也。遂出而赠之，且以自勖云。

选自《云南日报》一九四六年五月二十三日

// 西南联大时代转入新页

本刊特辑

（本刊特约昆明通信）九年来由北京、清华、南开三大学联合组成的国立西南联合大学，已经于七月底"寿终正寝"了。到八月底，所有留昆的负责人和三校的教授都离开了这四时皆春的山地，回到北方平原的古城，去分别重建北京、清华和南开三个学府了。

在抗战的期间，以"联合"为名的大学为数不少，但大都是"联而不合"，不到几年便不欢而散。只有由北京、清华和南开三校组织而成的西南联大，能维持到九年之久，并且在这九年间树立了最深厚的友谊，和奠定了长期合作的基础。西南联大所以能够合作，不能不归功于教授先生的高超的德行，三校传统上的宽容的精神，和三位特出的校长。

有派系而无派系之争

在一般的学校中，不断的闹派系之争，但西南联大是很少有派系之争的。这并不是说西南联大没有派系。在联大，正如在任何学校一样，教授们因政治、思想、年龄、工作、学科种种的不同，也自然而然地形成若干团体。但这些派系都不在学校行政上有甚么争夺。因为联大的教授大都是学有专才，他们的全部精力放在研究的工作上，自然就没有空闲去管学校的行政，因此就更不会有甚么系别之争了。当然，凡是学校行政上发生了甚么错误的措施，总有人挺身而出，作坦白的批评，务必做到错误被纠正过来。由于他们的学问，由于他们的道德，他们的意见虽有不同，但他们总是合作去为学术而努力的。

容忍和民主造成和谐

他们所以能在一起合作，还有一个重要的因素，就是北京、清华和南开三校的容忍精神。大家常称联大是"民主堡垒"或"自由堡垒"，容忍主义或宽容精神是这个"堡垒"的中心精神。因为如果没有容忍精神，则少数不肯服从多数，多数不肯尊重少数，那就只有党争和暴政而不会有民主与自由的。北大、清华和南开都以宽容精神见称。例如北大在蔡元培先生时，可以有无政府主义者、共产主义者、国民党人等革命分子，也可以有保皇分子。正因有这种宽容精神才能够"教授治校"。例如清华，则重要的问题是由评议会决定，而评议会则有过半数的评议员是由教授选举出来的。记者认为只有具有宽容精神的学校，才能三校联合九年而十分合作的。

各党各派·兼收并蓄

联大容忍精神最好的表现，就是它包容了各党各派的教授与学生。记者虽然不能完全指出谁是那一党那一派，但至少可以说在联大之下，有共产党、第三党、民主同盟、民主社会党、中立派、国民党、三青团和国家主义等党派的教授与学生。教授方面：在属于左派政党的教授中，有闻一多和曾昭抡等先生；在民主社会党中，有潘光旦和费孝通等先生；没有党派而批评政府的有张奚若和陈序经等先生；比较中立而对政治常有意见的有陈岱孙和王赣愚等先生；在经济问题方面批评政府的有伍启元、杨西孟、戴世光等先生；属于国民党反对派的有钱端升等先生；属于国民党批评派的，有周炳琳、杨振声等先生；国民党开明分子有冯友兰和雷海宗等先生；三青团的有姚从吾和陈雪屏等先生；……在联大这许多教授中，有一件可喜的事，就是联大是没有顽固派的分子。不过有极左右的人，联大也必能包容而不加排斥的。这才是一个真正的"民主堡垒"，真正的"自由堡垒"。这才可以使许多人在一起而没有纠纷。

三校校长·分工合作

当然，联大所以能合作，三位校长的功绩也不少。这三位校长是采分工合作的办法。南开张校长总是在重庆代表学校向陪都交涉。北大蒋校长则负责所有对外的事宜。清华梅校长则负责校内事务。他们三位的感情是十分好，这就替学校散播了和谐的空气。

在整整九年的合作中，这三个北方的最高学府在西南角上替战时中国造就了不少的人才。它在云南文化留下了一些不可埋没的功绩。就是在联大"化整为零"，全部北迁的今日，它还留下一个"国立西南师范学院"在昆明，由忠厚长者的查良钊出任院长，南开、清华、北大等校都派有教授（如蔡维藩、胡毅、许桢阳等）留在该院，使三校与昆明的关系能够没有中断。

复原后北大资本最足

现在北京、清华和南开三校都准备于双十节在平津开学了。分家后的三校，以北大的资本最充足，问题最简单。北大现在有了一个新校长（胡适之先生），而在行政方面帮助这个新校长的有傅斯年、周炳琳、汤锡予、郑天挺、陈雪屏等先生。北大教授的阵容很整齐。理学院中如化学系曾昭抡、物理系吴大猷、数学系许宝騄及其他各先生，法学院中如法律系的燕树棠、政治系的钱端升、经济系的赵廉澄、杨西孟及其他各先生，都是知名之士。此外其他学院也有很好的阵容。北大最幸运的事是它的校产不只在战争中没有被破坏，而且大有增加，此外它也接受了不少的房产。它的图书也因伪北大的关系而大为增加。同时北大教授中，左右之争也不严重。

清华所受的损失最重

清华在物质上的损失便远较北大为严重。"水木清华"的清华园，在战时受日本人的占据，在战后受接收人员的占据，已破坏到不成样子。房屋的架子虽仍然存在，但内部已破坏不堪（没有一间房子是完整的），而且家具、图书等等都差不多已全部损失了。现在清华在物质方面除了不很大的基金外，实在是十分困难。但在精神方面，清华还是十分活跃的。教授中前进的分子很多。我们相信在北平清华园一带将是中国激进思想的集中地。那里国立的清华和私立的燕京，都充满了批评的传统和前进的人物。虽然有人曾忧虑因此清华会有左右之争，但一方面由于清华没有极右的人物，一方面由于清华传统的容忍精神，我们相信清华不会因政治的纷争而缺乏安定的。清华最大（也是现在唯一）的资产就是它的教授。它的工学院是与交通大学齐名的，它正在要创办农学院。在理学院方面，由前中央研究院总干事叶企孙先生担任院长，阵容极强，教授包括吴有训（在假）、华罗庚、陈桢、张印堂、高崇熙等权威学者。在法学院方面，由陈总先生担任院长，阵容包括张奚若、吴泽霖、潘光旦、伍启元、费孝通、戴世光、陈达、赵凤喈、邵循恪等先生。在文学院方面，原有冯友兰先生担任院长，现由雷海宗先生代理，阵容包括陈寅恪、闻一多（已故）、金岳霖、朱自清、刘崇鋐、陈福田、吴宓、王信忠、孙毓棠等先生。此外据说还聘了不少的新教授。从这个教授的阵容看来，清华的前途是光明的。清华在曾服务该校近三十年的校长梅先生领导之下，将会克服一切困难的。

中国不亡　南开永生

北大和清华都在北平，南开则在天津。南开的校舍虽损失极大，但南开在张校长之下是很有办法的。"有中国则有南开"，这是最高当局曾当面答应过张校长的。南开以经济学院和数学系最负盛名。在黄钰生、陈序经、姜亮夫等先生主持下，南开将永与北京、清华两校鼎足而立，成为北方三个最高学府的。

选自《观察》一九四六年第一期

联大完成历史使命　八年合作意义深长

丁

（本报讯）昨（四）天为西南联合大学最后结业礼，北京大学、清华大学、南开大学三个学校，人力物力八年来之合作而立的联大，由这一天起正式结束。从这一天起，三校开始北上赴平津复校。上午天气阴沉，细雨纷纷，像为联大惜别。结业礼上午十时，在新校舍图书馆举行，参加的来宾有陇体要厅长、王政厅长、宴玉琮司令、熊庆来校长、严燮成理事长、徐继祖副厅长、马伯安先生、英领事高贺禄先生、美领事麦基理先生、法领事人人佛丛先生等百余人，及联大师生全体。由梅月涵常委主席报告，后汤用彤教授代表北京大学、叶企孙先生代表清华大学、蔡维藩先生代表南开大学分别致辞，后请马伯安先生讲演。

马伯安严燮成致惜别辞　希望滇籍学生能在北求学

马先生以我国建国一定要一二十年，望联大同学能负起这个责任来。随后严燮成理事长讲演，严先生代表昆明各界，对联大未尽地主之责，表示歉意并望滇籍学生赴平求学，望各校收容教育。继唱《国立西南联合大学进行曲》，大图书馆内扬溢着庄严的歌声，由冯友兰教授读《国立西南联合大学纪念碑》文，读毕散会。

梅常委报告要意如下：

梅常委说感谢地方协助，盛赞三校合作

联大是勉强开始，也勉强结束。八年来许多困难承地方当局及各界人士帮助，借此机会致谢。八年相处，一旦离开，惜别意思大家都是一样的。希望这离别只是暂时的，但不希望学校再迁来，只是个人的相会。八年来自从三校联合办联大，虽三校各有各的作风而终能大家互相谅解。过了这八年，回忆八年来，深深感到了合作的意义，也感到了合作的需要；西南联大所以能成功，就是因为参加分子能都了解这一点，都能互相谅解。

三校代表致辞

汤用彤教授致辞略述如下:联大开课是五月四日,刚好结束又是五月四日,这正是联大精神。不要忘记这个节日——中国文人相轻,不但三个学校联合不会成功,一个学校还要分裂;但联大是联合了八年,这正是小型民治精神的表现,民治精神就先要尊重各方意见——希望三校精神上以后继续合作,更紧密联合。

叶企孙教授致辞略述如下:联大在昆明几年,不论地质、矿业调查、人类语言、民族调查、国事普查、农业研究、小型水利调查,对昆明都多少有点帮助,以后三校仍要求学者独立,每年三校当有一次讨论会,讨论研究结果及方针,这种联合精神对我国学者亦定有大帮忙。

蔡维藩教授致辞略述如下:从今天起三校要分校北上,今天开始分家,今天开始向云南告别,有下列几点感想:(一)三校联合八年如一日,望将来在北平的两个大哥哥,不要忘记天津的小弟弟(南开);(二)联大同学不要忘记南开亦是一个母校;(三)昆明各界同联大的合作友谊是一段不能忘掉的历史;(四)提议每年联大校庆三校在一块庆祝一次,三校轮次做东;(五)联大由五四开始,五四的精神是重科学、重民主、重学术,联大北上,要怀着爱国家的心及重科学、重民主、重学术的精神北上。

(又讯)该校行结业礼后,在雨中举行"联大纪念碑"揭幕礼。碑高约一丈，宽近四尺，正面有碑文，碑文为冯友兰撰文、闻一多篆额、罗庸书丹，背面镌刻该校八百从军学生姓名。原以联大、北大、清华、南开四校校旗覆其上，在雨中揭开此历史纪念碑，行礼后，全校师生摄影，下午开运动会，晚师生聚餐，并开游艺会。

选自《云南日报》一九四六年五月五日

// 北大、清华与南开

一 殊

在目前由于复员工作尚未完成,许多大学虽然还存在着不可讳言的缺陷,但好的大学还是历历可数。每一个高中毕业的同学,谁都想考一个好的大学,对自己学业和身心的修养,能有很大的帮助。不然,一踏进坏的大学,那无异是陷入苦闷的深渊,坐四年或五年变相的牢狱,连自己的志气也慢慢地消磨干净。

一个好的大学,它的第一个条件必须是具有研究学术的风气,从教授到同学,要重视学术研究与自由讨论,这才使每个人的天才与兴趣能得到比较适当的发展。学生除了上课以外,一切活动也必须与此原则相配合,才可收到圆满的结果。为达到这一目的,学校的设备好,教授好而且多,就更是一个基本条件。虽然一般说来大学四年,只能学得一个研究方法、思想方法和确定一个做人的基本态度,四年光景翻不了多少书本；但是如果教授优良，设备完善，学生要努力钻研，也自然可以学得丰富的知识。

根据以上所述的标准，目前中国的大学教育，比较令人满意的是北大、清华和南开，这三个大学在战时更合并起来，改称西南联合大学。联大把北大的自由、清华的谨严与南开的活泼，这三种精神融合在一起，树立了一种特殊的校风，那就是民主与自由也。有人以学生装束来区别三大学的学生，一般说北大喜长袍，清华多西服，南开则爱皮茄克，运动场上也大半是他们在跳跳蹦蹦，这是很够玩味的。

在教学方面联大是极其注重课程的，挂名读书的学生是受淘汰的。而对于课外活动，学校方面，又多加以诱导，承认学生的独立人格，并且参考书很多。每一门课程除教授所指定的以外，你高兴用些与教授理论不同的参考书，来做报告，教授也可以给你及格的。

其次在管理方面，联大是由三常委负责处理。可是因为各人的事情太忙，很少住在学校，变成了"教授治校"，所以"教授会议"是学校的最高权力机关。这好的方面说，固然是民主自由的倾向，然而也正因为没有校长来领导，所以学校极散漫，而生活上的小圈子也极多，这可说是一个缺点。

现在复员以后，联大仍旧分开为北大、清华和南开三个大学，上述那些优点与缺陷，当然也各自带了些回去，但最显著的区别乃是各校的院系，大多恢复战前原状，这是与西南联大时代截然不同。

北大、清华、南开各校所设的院系，限于篇幅，不便一一缕述。但一般说北大的文法学院是全国首屈一指，也确实造就了不少名流学者，就法律系说：北大的法律系本身未必就比朝阳出色，但北大的整个环境，却对于学法律更为有利，更易发展，所以学生是愿意去北大的。此外，北大的教育系与化学系也很有名。反之清华则以工学院出名，其中尤以航空机械系最为出色，同时理学院的物理系，法学院的社会系，都特别好；政治系与外文系的教授都特别多，也都很好。至于南开，则以经济系与化工系较出名。此外关于各学校的教授有名的都很多，无容赘叙。

末了，我还要在这里附带说一句，就是本年三校都招新生，在重庆区还联合招生，希望升学的同学们，在考大学时候要加紧努力，无论如何不要放弃这三个大学。

选自《时代》（重庆）一九四六年第八期

// 光与热

叶方恬

也许由于童年好游的习性，我总爱忙里偷闲，到郊外或湖滨。有时，在华灯初上的黄昏，我徘徊翠湖之畔，静待皓月东升。有时，在隆冬的中午，我安躺草坪，让阳光给我光与热。我爱光，因为它引我走向光明。我爱热，因为它温暖我的心灵。在生命的历程中，它们更给我无限的启示，宝贵的教训。我们要不断地吸光，也要不断地放光。这样，暂暗才会收藏，光辉的世界方能诞生。我们要不断地吸热，也要不断地散热。这样，在温暖的大气里，冷魔才不敢横行。

"他们把光储蓄起来，有时又各自把光放出去"

在联大，今天正有成千的人在吸收着"智慧之光"。这光源的所在不是太阳，也不是月亮，而是图书馆，实验室，教室和工场。每天教授先生们在教室里放光,同学们把光吸收到笔记里,吸收到脑海里。在图书馆,你可以看见许多人进进出出;进去的准备从书籍、杂志或报纸上吸收新的光,出来的则到旁的地方去吸光。在工场里,你可以看见铁锤高扬,齿轮飞旋,还可以看见许多人忙忙碌碌地在工作着。在实验室的桌上,你可以看见许多试管、烧瓶、仪器、显微镜等工具排列着,而且被一些人使用着。

他们把光储蓄起来,有时又各自把光放出去——交辉互映着。只要你到新校舍去观光,你便可以看见墙壁上放射着各色的光芒。这便是在木板上贴着的三十几种不同的壁报。那里有纯文艺的《文艺》、《新诗》、《冬青》等,有专门性的《法学》、《社会》等,有综合性的《现实》、《人民》、《大路》等,有专门报道同学们动态的《联大半月刊》,真是琳琅满目,美不胜收。它们的内容有现实生活的反映,有学术问题的探讨,有玲珑隽永的小品文,有时代的颂歌,也有他们对时局的透视和主张。最近,学生自治会又出版了铅印的《联大通讯》。这是对内的刊物,对外不发售。除学校新闻的报道和该会工作的报告外,它还转载若干壁报上有价值的文章。

在联大还有不少的座谈会,教授们和同学们都热烈地参加着,而且各人都竭力放出自己的"智慧之光"。这些座谈会所讨论的对象非常广泛,有的属于专题研究,有的牵涉到人生的意义,有的对现实问题加以分析和透视。

联大的同学们除在校内吸光放光外,他们还把光投射到校外去。他们有的经常练习写作，而且把他们心血的结晶发表在报纸和杂志上。他们有的半工半读，在中学里任课，把"智慧之光"传给下一代的人们。

教授们除在教室里授课外，他们还主持若干讲演会。在这些讲演会中，有的是有系统的，如文史学会举办的系统讲演、宪政系统讲演、科学系统讲演、战后问题系统讲演等，有的却是零星的。讲演的场合不限于联大，更不限于昆明。譬如去年冯友兰先生和贺麟先生都先后到四川去讲过学。还有一部分教授们更不辞辛劳，远涉重洋到国外去讲学，借以宣扬中国的文化。金岳霖与费孝通二先生便是第一批赴美讲学的五教授之二，现在还在美国的有陈序经、杨振声、周培源、饶毓泰、罗常培诸先生。最近沈有鼎、邵循正、洪谦和孙毓棠四先生应牛津大学之聘，亦将赴英讲学；刘仙洲和芮沐二先生已应美国之聘，即将出国讲学。今年暑假，伍启元教授亦应英国皇家学院之聘赴印度讲学。

此外，教授们还经常把"智慧之光"投射到报纸和杂志上。他们有的写星期论文，有的经常为报纸撰社论，有的把心血的结晶寄到杂志上去发表。因为他们不断地写作和不断地发表，所以昆明的五家大报和《自由论坛》、《民主周刊》等杂志上便随时有他们的文章披露。有时他们的作品还发表在外埠的报纸杂志上。虽然几年来在物价上涨的过程中，稿酬的增加，永远赶不上物价的上涨；但他们认为撰文是一种文化事业，对社会具有指导的作用，所以他们一刻也不放下他们的笔，不停地写下去。

辐射着"爱国之热"

联大的同学们不但随时投射出"智慧之光"，而且还辐射着"爱国之热"。自十四航空队来华协助作战后，翻译人才的需要因而逐渐增多。最初，昆明的战地服务团创办了一个训练班，专门训练翻译人才，当时便有一部分联大的同学志愿去参加。后来，由于需要日增，供给不够的缘故，所以在民国三十三年十一月十七日联大的教授会议便通过了征调四年级男同学作译员的议案。在这决议之下，三百余男同学除有重病及曾服军役者外，都参加了军委会译员训练班的短期训练，现在他们分散在国内外各地担任着翻译的工作。最近，外事局选拔成绩优异的译员到美国去任翻译。在五十名中，联大的同学便占了十一名，现在他们已远涉重洋，为祖国的复兴和全世界光荣的胜利而工作。

自血库在昆明成立以后，联大的师生们便先后踊跃输血。他们前后共输血三次，第一二两次便突破预定十万毫升的数目，第三次也输了不少的血。那时沈同教授还在校内作了一次公开的演讲，说明输血对于健康并无妨害，因为新的血液会不断地产生的。在输血前，输血的每一个人要经过严密的体格检查，不合标准的便不能输血。因此，有好些同学，因为不能输血而感到无限的怅惘。

去年政府发动了智识青年从军运动。在昆明，联大便热烈地响应着，结果从军的学生共有一二八人之多。在入营前，他们受到许多的殊荣：昆市各娱乐场所请他们看电影和话剧，留校的师长同学们送他们以赠品，学生自治会开了一个盛大的欢送会，并上演《草木皆兵》四幕剧。在抗战史上沉痛纪念日的今年一月廿八日他们入了营。那天，在第五军乐队的前导之下，他们从新校舍出发到营地，留校的师长们和同学们都亲临欢送，总务处和青年团并以数万元购备鞭炮，沿途燃放。欢送者与入营师生成八路纵队，携手并肩而行。语重情长，热情与兴奋交织于三千人的行列中。两月前，他们已被选拔赴印度受着驾驶训练。不久他们将参加铁的行列，在史迪威公路上驰骋着，担负运输的重任，同时他们的英姿也将出现在昆明的通衢上。

谁也知道，云南边胞的文化水准是够低的，他们大部分只会说他们的方言，即使受过"汉化"的，也不过略识之吾而已。他们对于世界战局及国家大事，几无所悉，甚至对本省的情况有的也非常隔阂。针对这种情形，联大一部分热心边地教育的同学们便组织了边疆教育工作团，每年利用暑假的机会去教育边胞。他们主要的工作地是路南的尾则，该地甚为荒寒，因此，生活在那里的夷胞们非常穷苦。大部分人都不能讲汉话。但经过了这部分同学的努力的教导以后，到今天好些夷胞儿童都会讲汉话，而且还会唱汉歌了；有的更会跳方阵舞，有的还到昆明来深造。这对于边地文化水准的提高实具有不可磨灭的功绩。

抗战以来，一般文化工作者的生活由清苦一变而为贫苦。他们随时遭遇到寒冷、饥饿、疾病，甚至死亡的打击，但他们仍不屈不挠地坚守着岗位，努力工作。去年桂柳失守后，湘桂两省的文化工作者便辗转流离，来到了大后方。他们一贫如洗，生活是够苦的，因此后方各地的人士发动了救济贫病作家的募捐运动。这运动在各地展开着，推进着。在昆明，联大中文学会便首先响应这个运动，向校内外发动募捐，共募得一百余万元。这成绩实在够惊人的。

在祖国面临风雨飘摇危舟一叶的局面之下，几年来西南联大的师生们在简陋的物质环境中，不断地吸收着而且投射出"智慧之光"，同时辐射着"爱国之热"。无疑地，今后他们还要继续他们未竟的工作，不断地吸光放光，也不断地散热。愿崭新的自由中国在他们的光和热中成长，而且放射出灿烂的光芒吧！

选自一九四五年五月十九日成都《现代周刊》

昆明青年的没落与生长

高 山

昆明的智识青年，一部分在过着骄奢淫逸的生活，一部在穷苦生活里消沉了意志；但有一部分在艰苦中奋斗着，保持与推进着青年的救国运动。

那些骄奢淫逸的人们是怎样地过活的呢？正如群社的"五四"纪念壁报上所暴露的联大里尽有着坐汽车上课的有钱子弟。这些公子哥儿整天的生活是：泡茶馆，打扑克，看电影，玩女人，出入于大公馆或流连于某某大酒店，狂舞终宵，酒色财气，无比不为。抗战进入更艰苦的阶段，人民的生活更艰苦了。于是这些人也只有拼命地想方法，以遣此"苦闷人生"，这在他们的术语，叫做："寻求人生乐趣！"这种荒淫无耻的意识和生活充分表现出没落分子的劣根性。

但是另一方面，联大里却更多着一钱莫名，每月全靠十四块钱的贷金过活的穷苦学生。联大学生的第一特征就是：

穷！能够有衣服书物可以出卖的已经算是不错的了。没有就只有忍受着悲惨的生活。幸亏上届毕业生的出路还算不错，所以大家埋头伏案孜孜兀兀，或者勉强敷衍，忍受着痛苦，希望拿到一纸文凭，其他一切都是次要的了。

现在贷金已稍为增加了一点，但是无论怎样地增加也决赶不上物价暴涨的速度，更重要的单是消极的依赖"救济"，在精神上已经发生一种可怕的腐蚀作用，在心理上遗下一种颓废的暗影。现在在昆明，一个汽车司机月可入千元，投机商人的收入更不用说了。上戏院看电影，学生们只能挤着抢买最廉的座票，而穿着并不十分整齐的工人、商人都悠然地口衔烟卷高坐在二三元的最高座价的弹簧椅上。昆明社会的这种发展情形，对于青年学生们在精神上和心理上，加以不良的影响和无情的打击。在沉重的残酷的生活压迫之下，一般脆弱的智识青年都由消沉而趋向于彷徨了。

而且，这种消沉彷徨的趋向，就是在若干教授中也不能避免。事实上，教薪不但没有增加，有时反而要打一个折扣，而物价都已经暴涨到多少倍了。一个教授月入三百金，上不能赡两老，下不能养妻儿。记者就亲眼看见联大工学院一位系主任，六口之家，每天的饮食只有白饭青菜，（猪油已经暴涨到了二元七角一斤呵！）儿童节那天，孩子们哭着要糖果店里的饼干，做父亲的连几毛钱都拿不出，只能凄然地在路旁买几个铜子的炒扁豆，妻子天天在家里吵着，埋怨丈夫为什么不去学做生意，而偏偏来教书——但说到做生意，谈何容易？那里来的本钱？况且，任而"玩商"，原非在行，又要怕人家的指摘和讥笑，心里不免有点难受。为着生活的压迫，一些原已十分动摇了的教授们，现在是更加感到彷徨了。上年暑假几个回到北方去的教授，再也不肯南下。而今年寒假以后，教授们溜走之风大盛，比较有点骨气的，还向川黔湘桂和西北各省走，有些竟"溜回老家去"，就直截了当地回港沪平津去了。现在联大工学院里比较"好"的教授，差不多都已经溜完。今年的暑假又快要来到，而物价又暴涨了好几倍了，教授们的"溜风"恐怕将更盛吧？

更奇怪的，近年来联大旧同学，复学的风气很盛，"七七"事变后，三校学生从平津辗转流徙到长沙。一路上激于义愤而毅然地随军去前方工作的很多，这一部分同学现在许多又从前线上跑回来复学了，据说是要"充实"自己，实际上却是因为军队政治工作的被轻视，一般人对于青年的不信任，他们是感到失望彷徨以至退缩了。这种情形发展的结果，不论荒淫无耻的也好，消沉徬徨的也好，学生也好，教授也好，他们除了关心警报和物价以外，甚么事都不能管。解决问题的办法，消极的是安定人民生活，平抑物价的不合理的暴涨，积极的是提高政治的觉悟，坚定抗战到底的意志，这样才能使青年不为个人眼前一时的艰苦所屈服。

事实上，在联大三千学生中，少数荒淫无耻的和消沉彷徨的，实际上只是一部分暮气很深重的老同学。这些老同学好像他们看得已多，世故已深，什么都不想动了。而那些一二年级的新同学呢？他们正是"九一八"时代入学，抗战发展前后在中学毕业的。他们就不同了，他们什么都显得积极。而热烈参加青年团的是新同学，参加群社的是新同学，做工的都是新同学，老同学呢？他们都不愿意再动了。现在三四年级的老同学已经所余不多，他们在等候毕业拿文凭，文凭到手他们也就宣告退出了。这是一个扬弃，新的力量在生长着，而承继着北方青年的优良的传统。

录自一九四〇年六月十七日香港《星岛日报》，选自《学生月刊》一九四〇年第一卷第七期

// 西南联合大学的透视

——是一部未完成的史诗,也是一部将完成的史诗

司徒文宾

在后方二十七万青年学生中,西南联大有着三千多学生来自不同的地方,说着不同的言语。他们满怀着火红的热情,想在这所谓全国最高学府里学习和教育自己。因为人多,所以生活方式也各式各样。从个别看起来,他们表现不出什么;从整个看起来,他们可就代表着今日中国一个小的缩影。

宿舍是拥挤的,大屋子住五六十人,小屋子也要住八九人。课堂也是拥挤的,大教室三四百人,小教室也有七八十人,连窗外台阶上都摩肩接踵的站得人山人海。图书馆未开门以前,恰像电影院售票处,争先恐后一片黑压压人群。饭厅里,如难民的粥厂,处处跃动着无数营养不足的菜色的脸,响着一片丁丁当当筷子碗声;后来的,急匆匆挤进来的不禁呆立

在抢光了的空饭桶前，举着自己底空碗——也只好束紧腰带再等下一顿！

在团体方面，除了全体同学有一个学生自治会的统一的组织外，其他团体真是多得很：有一个三民主义青年团，在它主持之下，成立了孙文主义研究会、时局讨论会、青年话剧社……等；还有一个活跃的群社，是号召同学从消沉和散漫中建立起集体生活、集体学习的，常开各种座谈会、读书会、讲演会，感到参考书的少，组织了流通图书馆，划分了许多研究小组，专门对付校内的功课；又有群声歌咏团、群光球队等组织，常在假期举行远足旅行，每月还有月亮会等集会。——大概在学习、在生活两方面，群社是比较努力、健康、充满年青气息的团体。此外，还有各式各样同乡会、同学会、校友会、级会、班会……，但因为工作和活动不是经常的，所以没有什么表现。

因为联大有着相当自由的空气和民主的精神，所以校内壁报的盛，是别的学校所没有的。据人统计，校内壁报共有二十二种经常出版的，光是昆中北院就有十二种之多，贴满一墙，把整个院子裱糊得五光十色。有学生自治会学术股主编的《联大生活》，有三民主义青年团的《青年》，有群社的《群声》壁报，有孙文主义演讲会的会刊，有社会壁报社的《社会》，有《介绍与批评》，有《南针》，有《学风》，有《热风》，有《冷嘲》，有《边风》、《春火》、《边风》、《纯文艺》壁报，有联大话剧团特刊，有《微言》，有《国风》，有师院壁报，有湖南湖北同学编的《湖光》……

全校壁报中最出色的倒是短小精悍的《热风》，每期登一二节杂文，登四五幅漫画，泼辣生动，纯粹"鲁迅"的作风；听说也常有教员之作，拥有最多的观众，曾被教授与同学推为壁报中最好的一种。次为《腊月》，资格最老，立论公允，占校内舆论领导地位。再为《青年》，是一份地盘占得最大的大型壁报。再为《群声》，编排格式很新颖，每次一个新形式出来之后，各壁报争先模仿，文章亦多活泼可喜，有一股年青劲。再为《介绍与批评》，常常剪贴和翻译一些平常看不见的文章和言论，亦为教授和同学所注意。

在同学方面呢，有穷得包不上伙食，每天等别人吃完饭之后，钻在工友们一道吃别人残汤剩饭，但虽生活苦，却还在刻苦地整日躲在图书馆用死功的人；有饿着肚子拼命一面找事做，一面要跑到课堂专心听讲的人；有觉得流亡之苦，感到集体力量之可贵，团结在一道如兄如弟过集体生活，努力集体学习的人；同时也有独善其身，每天一清早起床，一个人练太极拳，吃鸡蛋，喝牛乳，两耳不闻窗外事，一心只读圣贤书的个人主义者；也有课懒得上，功懒得用，整天跑茶馆，无聊到用冷嘲和笑骂打发日子的人；也有穿西服系漂亮领带，穿香港寄来的皮鞋，每天出入"金碧餐馆"昏头昏脑"泡"密斯的人；也有整天鬼鬼祟祟，莫名其妙忙到要命的人；更有隔两天去一趟海防，奔波滇越路上，两眼死命盯在黑市的"盘"，拿法币和比亚斯特掉换着使法币慢慢多起来的做投机事业的人……

然而，忙着买外汇，忙着升官发财的自然有，但这只是最少数；那就是还有大多数青年，并未忘掉他们来到后方的使命，专心学业的钻研。他们在热切的、耐心的学习中工作着，也在热切的、耐心的工作中学习着。

这是一部未完成的史诗，也是一部将要完成的史诗……

一九四〇、五、一于昆明

选自《战时青年》一九四〇年第四、五期合刊；又载于《湖南青年》一九四〇年第一卷第十一期，题为《战时的西南联合大学》。

西南联大近记

维 夫

"万里长征,辞却了五朝宫阙,暂驻足衡山湘水,又成离别。绝徼移栽桢干质,九州遍洒黎元血,尽笳吹弦诵在山城,情弥切! 千秋耻,终当雪! 中兴业,须人杰。便一成三户,壮怀难折。多难殷忧兴国运,动心忍性希前哲,待驱除仇寇,复神京,还燕碣。"

这是西南联大的校歌,这是抗战以来大学播迁的一页重要史迹。清晨傍晚,歌舞飘荡在这拔海一八九二公尺的高城。从密郁青翠的松柏树间望出去,从无数矫捷跳跃于树间的松鼠上望出去,天际有一朵白云,有"工工"比翼飞的英勇机声,有无数翱翔半空的饿老鹰。这排比着的景物构成一段沉痛的回忆:想着北平天津三校巍伟的建筑,想着卢沟桥的第一声炮和流亡的故事,想着二十七年初,三校从长沙继续长征来昆明,组成西南联合大学。这一切的遭遇,重炽于心中有如梦景。如今联大还留着不少的"宫女",虽未"白头",道天宝间遗事总是大家欢迎的。

依照三校——北大、清华、南开——过去的历史,西南联大应仍有他的声誉和地位,这也是若干青年同学所朝夕期望的。本文愿朴实无华的提出几项具体事实,以介绍于读者之前。

首先得提出的是学校的自然环境,昆明的气候虽不说是全国无可与比拟,至少是冠甲西南之胜。"四时皆春,一雨成冬。"冬天是晴季,温暖的太阳和舒爽的南风吹得人怪舒服;很少见雨,落雪的机会则是仅见,所以天气并不见得很冷。夏天是雨季,一天包有一次雨,可是不到半小时即停,太阳仍旧露出笑脸。在这里,夏日并不可畏,冬日可爱的成份也比北国江南要小得多。

昆明的名迹很多:一个花园,一丛翠柏,庭开不谢之花,逆客到此,准叫你心旷神怡。大观楼滨滇池,风景酷似西湖,城内的建筑又有北平风味。学校近傍有翠湖,早晚一对情人席坐茵草谈天,或邀二三友散步湖中堤,看湖中的水鸭、游鱼,看湖侧的点点星火——军校送来悠扬的号声,林鸟奏着清脆的音乐,令人神往。翠湖中有昆华图书馆,古籍装备不少,一个酷嗜经史的人,或能找到你最爱与需要的书。

至于学校的物质设备,西城外的新校舍已落成,另借得昆华师范、昆华中学、昆华工校三校的房子,容纳了文、法、理、师范四学院,及一年级的全部同学。工学院另设拓东路,相距约二里，因为组织的庞大，同学近三千，有许多地方不能得到密切的连系。同时因为人太多，图书仪器的设备不够，图书室抢位子是司空见惯，实验室缺少仪器也是常有的事。

值得称道的是学生的勤奋。学校里各种活动也相当起劲，壁报特别多，前些时为了苏联出兵芬兰的问题，几个壁报曾经展开了激烈的笔战，后来也终于沉静下去。这表现了联大学生方面民主的精神。

缺憾是同学间缺乏坚实的团结。自私自利的行为很普遍的流行着。因为昆明物价甚高，若干同学在兼理副业，做生意买卖，赚几个钱度日，不过这种人在全校所占的比例成分极小。另外有批公子哥儿姑娘小姐，男的油头西服，女的卷发高跟，终日挤眉弄眼，浪游山水间，乐以终日。罗曼史层出不穷，悬膀着大有人在，挥金如土，不重学业，这种人虽只少数，却是一种很不好的现象。

可以夸耀的是联大仍然有许多"德高望重"的老牌教授，名气足，架子也不小。系主任有规定办公时间，非办公时间不见客，若要强见，报以闭门羹是常有的事。因此师生间谈不到联络，某一些教授似乎很轻视学生，学生对教授也有莫测高深之感。教师在把课本教完，学生只在求及格，除了知识的传授以外，似乎很少人讨论到生活修养的问题。教务处的政策重在考试，如西洋通史、逻辑均有周考。各系主要课程均有大批指定参考书，弄个及格并不特别容易，因考试不及格而退学者似乎大有人在！所以大部分的同学都呻吟于教本里，不易有看其他书籍的机会。不过在联大读几个基本科目，似乎比他校的收获要大一点。

昆明的生活程度很高，穷学生的福音便是贷金，每个人贷金的数额是每月十四元，现在十五元的伙食，还得贴补一元。市上百物都贵得可观，完全没有接济的人除了借贷外，只好丢开书本另想办法。

以上所谈只是一般的情形，自然也有不少特殊的例外。想做研究工作的人昆明似比他处便利，可以向前辈请益，若干公私图书也可尽量利用，这对于联大学生有莫大的便利。

在昆明很有几个专科学校，如云大、同济、艺专、中正医学院等，有互相观摩的机会。而联大的同学便有如"帝国主义"，到云大、同济的图书馆找取"殖民地"。

（二月十六日）

选自《宇宙风》（半月刊）一九四一年总第一〇二期

// 抗战中的西南联大

李白雁

（一）迁校问题

自八月间联大被炸一部分之后，外面就有种种关于联大迁校的谣传，有的说联大将迁到重庆，有的说将迁到桂林，有的说将迁到贵阳，种种传说，不一而足。是的，过去教部曾有过把联大迁到四川去的意思，在学校内部也蕴酿过那么一种争论。那时节同学曾出版大张的壁报讨论这个问题，教授也发表洋洋大文表示他们的主张。结果呢？学校在再三的考虑下终于决定不搬家。昆明在环境上说，是内地最适于读书的一个都市，何况昆明的物价早落在成都重庆之下。在目前交通工具困难的情形下，迁校对于精神、物价与时间是一个严重的损失。一般人关心的是越南问题会影响到联大，这个，梅校长在本月一日联大四周年纪念会上有一个答覆，他说："也许明儿敌机又来了一批炸弹,也许明儿报上载着越南形势严重的消息,但咱们如果老在这些上面打算,就只有请每个人都回到家乡去。"没有到最后关头,联大决不离开昆明。

(二)三种精神的融合

清华如天的庄严,北大如海的包容,南开如山的镇静,这三种传统的精神融铸成了今日的联大。联大成立已四周年,原来三校的学生已渐渐的都毕了业,但三校的传统精神仍遗留在联大里。特别是清华与北大的风气,在教务上可以说完全是这两个学校传统精神的继承。考试的严格,教授打分数的吝啬(八十分的在这里是天才生了),这是继承清华的系统;而在研究学术上无党无派的自由空气,这又是北大风气的继承。联大是在战时的环境里实施平时的正规的教育,四年来,由于时代潮流的激荡,加上各校原有的传统精神,联大是比以前更进步。当局并不恭维的对联大负责人说:"只有你们是成功的"。

(三)经济系座满

本年度四大联考重庆区单是以联大经济系为第一志愿的有五百多人。目前读经济已经成了一种风气,仿佛有驾工科而上之的趋势。本届联大毕业生中,以系为单位来论,经济系是超过他系十数倍。现在三四年级中，经济系人数都在一百以上。据说去年叙永分校六百人中差不多有二百人是读经济的。联大转系很自由，理工学院的同学常因功课的重压转到文法学院，许多是转到经济系。抗战期间，由于各方需要经济人才之急，遂造成这个风向。如果大部分的人不是着眼在银行中优厚的待遇上，这自然是好现象。这次在一年级新生谈话会上，梅贻琦先生特别对读经济系的同学说："大学不是银行训练班。"

（四）食　团

许多人都以为昆明物价高涨，殊不知联大在不久以前吃饭还是三十六块钱一月。最近半月内米价暴涨，才加到四十元以上。

"四十元以上"是一个不确定的数目，原因是这里有好几种膳食，管理膳食的是同学自己组织的一个一个的食团。如果你自信能够办得比别人好，你可以集合三四桌以上的人成立一个食团，一周一期，十天一期，或半月一期都随你的便，得到学校允许便可雇工开伙。现在我们吃的是周食团，每人十块钱吃一周，每天吃两餐。也有每天三餐，膳费缴到十二元以上的。这种食团有一个好处，在一个膳厅内往往因各系的人都有，个人选课不同，吃饭时间不一律，自己组织的食团可以集合同级同系的同学或是同乡等，吃饭时间与膳食的办理工作上都可以方便许多了。

（五）坐茶馆

直到现在，联大附近的范围内仍分布着许多的茶馆，而坐茶馆的风气依然很盛。这风气的渊源是这样的：当联大初从长沙迁到昆明时，新校舍尚未建筑，除了上课，坐立都没有地方，图书馆要抢着占位置，许多同学发明了"坐茶馆"，化一点钱（现在是二毛钱一杯），泡上一杯茶，一面喝茶一面看书，但喝茶并非主要目的。这风气现在仍旧存在，据最近同学们的一个壁报上统计：每年的这笔茶费约在三万六千元以上，这是以现有联大三千同学及两毛钱一杯的茶费计算的。实际这个数目并不惊人，每个人并非都去喝茶，去喝茶也并非每天，但去喝茶的加上一盆瓜子一包花生，茶费就决不止于两毛。三万六千并非是夸张的数字。这种风气如今也代表联大附近区域的一种精神，如果你没有到过这里，请你千万别开口咀骂，你见了这种夹着书本往来于茶馆的风味，你也许会体会到牛津、剑桥这些小地方在英国人民脑海里代表着的意义。

（六）把位子

凡是各学院系必修的课程，因为人数多，开班少，都在大教室中讲授。有的开班虽多，因为同学喜欢听某个教授的多，教室中座位常常不够。即使有座位，前面总比后面好，中间总比旁边好。因此，每上一门课常常有预先到教室占位置的，有时要下午上的功课，上午就在教室的每个座位上摊上一本书，表示这个位置已经属于这本书的主人了。这个教室因为你现在上社会学原理，下面接着该在这教室上微积分的同学已经在门口等着。只要退课的铃声一响，里面的人没有退出，外面等着的人已一哄而进了。但这种情形仅限于低年级，大约到了高年级，每种学程听的人都只寥寥数人了。

——写于昆明叶家湾

选自《新青年》一九四二年第六卷第八期

// 西南联大群相

沈 石

西南联大,是抗战期中,北大、清华、南开的联合产物,挺立西南八载,尽了他独特的使命,尽了它应尽的责任。它,经过更番的迁徙,挨过几度的狂炸,始终兀立,始终弦歌不绝,荆棘,辛酸,铸成了辉煌灿烂充满血泪的校史。它告诉人们,守成是怎样不易,创业更显得艰难。它告诉人们,坚定的信心,大无畏的毅力,才能够奠定战时教育,才能够保存文化命脉。它挣扎,创造,博得了海内外的关怀,赢得了国人一致赞誉。多少青年,多少男女,闯过封锁,越过敌阵,投入这自由的园地,尽情学习,尽情研究,我们静听那庄严的校歌:"万里长征,辞却了五朝宫阙,暂驻足,衡山湘水,又成离别",几度凄凉,无穷哀感,"尽笳吹弦诵在山城,情弥切",多么引人入胜,多么令人向往,"待驱除仇寇,复神京,还燕碣"。对国家前途,充满了希望和信念。抗战胜利了,我凝望北国的云天，我沉思西南的水光山色，我情不自禁地要为在铁蹄下苦度多年的父老兄妹，报道这西南最高学府的惨淡经营，报道它多年来的风流韵事。

联大的结合

抗战初起，北大、清华、南开在长沙小吴门外圣经学院组成了临时大学，因着战局的紧张，"临大"决迁昆明。一部分师友由香港海防去昆明，一部分同学在勤苦的亲切的曾昭抡教授领导下，跋涉新修成的西南公路，徒步到达昆明，借用昆华农校的校舍，继续开课。长沙临时大学改称西南联合大学，并增设师范学院，大西门外的新建校舍完成，校本部、文法理学院迁入新舍，工学院设在城东拓东路。

联大用常务委员会代替了校长，常委三人，由三大学校长充任。张伯苓先生老了，到校的机会很少。对内的一切，经常由梅贻琦先生主持；对外的一切，由蒋梦麟先生负责。感谢三位常委先生，由于他们的互信互让，由于他们的相忍相成，促成庞大的联大"联而合"，从没有私见，从没有龃龉，成千的师生，载歌载舞，融融泄泄，追求真理，创建新生命、新学风。

常委会虽然是学校最高行政机构，决定校务的，却大半是教授选举代表组成的教授会议。教授会议真的值得歌颂称羡，由于他们高度发扬民主作风，克服了重重困难；由于他们人格崇高，学问渊博，赋有继承自由传统，创建新文化的使命，使学校和地方当局融洽，使万千学子拳拳服膺，心悦诚服，更使三校学风和精神互相调和，进一步助长了"联而合"。

联大的师友来自海外，来自国内每一角落，操着不同的方言；但聚会时，即使蹩脚的国语，也得说出。生活起居的方式虽有不同，但在追求真理下共同研究学习，表现得特别友爱亲切，无形中增进了"联而合"。八年来的联大，在教育史上占有光荣的一页。它的发展，证明了优良学风的培育，要有一贯的高度的自由的民主精神，说明了政治的安定，在容忍，在开诚布公，在实事求是，也就说：只有民主，才能展开政治的新生。

教授的典型

联大虽然僻处昆明，外在的阻力却重重，亏了梅、蒋两先生的煞费苦心，终能兀然屹立；但维系学校的真正力量，却在德高望重的教授。他们道德崇高，诚挚，热情，诲人不倦，以德化人。他们学识湛深，在课堂，在实验室，在山野探采，用整个精力去启发，去探求。物价惊人的高涨，他们生活清苦，都能安贫乐道，自然博得学生敬服。诗人闻一多先生，除了在昆华中学兼课外，还得靠镌刻图章，弥补家用的不足。只身出入大凉山荒无人烟地带的袁复礼先生，家中小孩特别多，书籍用物早就卖光了，每天只能吃两顿稀饭。道貌岸然的老哲学家金岳霖先生，自美国讲学归来，和钱端升先生同住一屋，雇不起佣人，还得帮助钱太太劈劈松柴。在某一次，昆明举行的哲学年会上，金先生用幽默而沉痛的语调，慨叹西洋哲学在国内研究乏人，哲学年会的经费又特别的短少，比起工程师学会的经费真相形见绌，但两者对人类的贡献，那只有天晓得了。刚直敢言的政论家张奚若先生，自从在《独立评论》发表轰动一时的冀察不应特殊化的宏论后，虽在参政会上几度发言，在校中老是保持沉默，鼓励学生多充实自己，少写壁报。他曾遭遇房东副官的毒打，同学们都为他抱不平。听说张先生近年不缄默了，他为了国家前途，充分表现他的正义感。他讲演时，教室里挤满了人，窗子外挤满了人，他写的文章，人人抢着买，人人争着读。精通中西史的雷海宗先生，和蔼可亲，因为贫血，曾在马路上昏倒，他的太太却在云大充一名小职员接济家用。名生物学家陈桢先生终日守在实验室里，和显微镜亲热，他有巴士特的精神和耐性，我祝祷他在科学上的成功。佛学权威汤用彤老教授，头发银白，终日深研佛学，不大公开讲演，但他一走上讲坛，教室内外老是充满了人。更应该值得提及的是吴雨僧先生最敬佩的哲学、史学、文学大师陈寅恪先生，他戴着圆顶的瓜瓢帽，闭上眼睛，端端正正地坐了讲学，语调那么轻微，坐在下面的人聚精会神的静听。吴宓、沈有鼎、刘文典诸先生都去听他的玄论，逢人就道及他，称颂他。本来陈先生在战前荣膺牛津大学名誉讲座，因为体弱不能前往，只得留在昆明。当昆市遭受猛炸时，陈先生跑不动，去香港大学教学，香港沦陷，敌寇震于陈先生之名望硕学，曾馈送麦粉，陈先生以死拒，敌寇也无可奈何。陈先生的尊翁散原诗人在北平绝食死难，可见他们父子的大义凛然了。陈先生后来脱险移住桂林，桂林丢了，逃往成都，战争结束时，陈先生飞英讲学，听说他过昆明，还有沉痛的悲感呢！联大的精神就在这些地方。教授们必要时以身护道，以身殉道。

华莱士评语

他们爱国家，希望国家强大，赶上时代。他们爱学校，力求学校光大。他们一贯的目标，在护卫传统的自由讲学，自由研究的优美学风，在追求光明正义真理。如果真理和自由学风遭受不幸，他们不惜用生命来维护。这样使联大光芒万丈，吸引住远道的学生，历万水千山，投奔到学术上的自由园地。当欧陆远东弥漫德日法西斯细菌时，美国前任副总统华莱士先生到了中国，在联大发表动人演说，赞誉联大为"东亚仅存的民主堡垒"。无疑的，这是联大的光荣，但它并不以此自豪；它希望民主政治普及各国，那么世界才有真的和平，真的繁荣，人类才有真正的幸福。

树桠上听课

联大最好的现象在学术空气浓厚。由于高度的自由学风，促使师生向学术上探求。由于教授的卫道和力学精神，在学生面前作了绝好的榜样，鼓舞学生砥砺向上，这充分的从阅览室、实验室、课室、茶馆表现出来。阅览室几百座位，老是人满，因此茶馆里便挤塞了同学。特别是名教授的讲学，特别是具引力有意义的讲题，听众来得更形拥挤。不仅校内的同学，校外的也远道前来。不仅教室里堆满了人，有些更抓住窗格，爬上树桠，有好几位教授的课通常是人满的，如：金岳霖先生的《知识论》，雷海宗先生的《中国通史》、《西洋近古史》，刘文典先生的《庄子》、《唐诗选读》，罗庸先生的《杜诗》；冯芝生先生虽然口吃，但选他课的特别多，连英国牛津派来中国研究汉学的休士先生也和冯先生交往得极亲切。

在某一次学术讲演上，闻一多先生讲"伏羲的传说"，门口、窗外、窗格上、树桠上堆满了人。闻先生从山东某县发现的人首蛇身的石刻，说到原始时代的图腾，说到女蜗伏羲，素描着古代男女的风流事，阐述了《诗经》中的郑风几章，从这次讲演里，我们得到关于"风"、"凤凰"、"风骚"、"风马牛不相及"新的注释。闻先生讲演时，不时摸摸胡子，热情、敦厚，一望就知道是一位温文的学者。闻先生是新诗人，他常劝学生应打入民间，去体察，去广罗民间的现实诗料。

在"英诗"课堂里，年青的谢文通教授讲解丁尼孙（Tennyson）的"Break, Break, Break"，情节是异样的凄凉，加上谢先生柔和的音调，从这里我们进一步了解诗人的缠绵，诗人的伟大。

"红学"一课程，最吸引人，不管是文、法、理、工学院的，不论校内外的，都踊跃参加。《红楼梦》也可以开讲座，也许会气煞道学先生了。联大讲"红学"的有两位先生,其中一位是吴雨僧先生。吴先生多情情多,常自命为清华园中的妙玉。吴先生的女公子近年在成都念书,吴先生也离开了昆明。想他有可爱的女儿侍候,骨肉偎依,也许在他的暮年,不会再有古佛青灯的感叹吧!另一位是刘文典先生。刘先生烟瘾那么重,一支香烟不够,接上两三根,抽一口烟,喝一口浓茶,音调低弱,但听众却满满的。刘先生精研《庄子》,常自谓真懂《庄子》的只有两人,一位是庄周,一位是刘文典。他又通《红楼梦》。记得某一次他的学术讲座,因为人多,一连换了三次地方。最后决定露天讲学。他用贾妃"花溆二字便好,何必蓼汀"的话,阐述"蓼汀花溆"。"蓼汀"切"林","花溆"语"袭人、宝钗"侍奉宝玉,袭人、宝钗够了,何必黛玉。从这大观园初次聚会里,就可以知道那工愁善病的美人的命运了。刘先生对红学独到的见解极多,这不过随便举一例罢了。

生活的方式

联大学生的生活方式,不外"跑"、"挤"、"抢"。跑字的意义及范围,来得特别深远,像"跑妞儿"、"跑警报"、"跑茶馆"……本来一味读书,生活不免单调,因此对异性的追求也像念书似的紧张。"跑妞儿"有人说是战时青年消沉颓丧的表现,未免不近情理。应该特别提及的,他们对国是的关怀,是赤忱、是纯洁,从战时输血、译员应征就可以明白了。

因着空袭频繁，跑警报确是一件麻烦事。炸得最凶时，每周要跑五六次，一跑就是整天，不得不将上课的时间提早或改晚。联大曾两度被狂炸，图书馆、教室、男女生宿舍都中了弹。华罗庚先生曾被炸弹卷起的泥土掩没，幸被救出。多年来昆明虽遭惨炸，但师友死伤极少，可说一大幸事。某一暑假中，学校被炸，梅先生亲自提着汽油灯，日夜赶修，卒能如期开课，可证明他们办学的精神了。

提到"跑茶馆"，每一联大师友是永远忘怀不了那条终日马群栖栖，终日马粪高扬的凤翥街。凤翥街，多好听的街名：它一方面显示出中国农村的破产，中国农人的贫穷；另一方面，从茶馆衬托出学术界苦撑的精神。那褴褛大脖子的乡下佬，赶着驴群，背上捐着一捆笨重的松柴，气吁吁的从乡下赶进城，骡驴的嘴边，套上一个装满干草或高粱的麻布袋，边嚼边走。赶马的身旁，系着一个装满又粗又糙，没有一根青菜，没有半点盐巴，污黑得像马草似的包谷搀饭，边嚼边走。我们不知道到底马嚼的是人吃的粮食，还是人嚼的是马吃的粮食。中国人固然穷苦，但应痛哭的说，云南的乡下人更穷苦。然而在穷苦的镜头刺激下，联大的师友，不管马粪的味道，不管铜铃和马蹄铁的响声，三五成群的夹着书，往茶馆里一跑，把书摊开，高兴时买点花生米慢吞吞的嚼嚼，老板娘泡一杯清茶，摆出一碟松子。最初时，他们不大欢迎专为看书来泡茶，后来到茶馆看书的一天多一天，他们知道并不妨碍生意，也就相安了。记得罗文幹先生常常和法律系的同学到茶馆讲《罗马法》，有谁晓得他是一位曾仆仆风尘的知名人物呢！邪德籍犹太人，曾为希特勒放逐的熟悉滇西地形地质的米士先生，和学生探测归来，有时也在凤翥街坐上一两个钟头。米士生活奇苦，极度用功，不知这外国学者仍在昆明没有？也许他回到来因河去重温破碎的家园了。

"挤"和"抢"，有时双管齐下，教室的座位有限，有时要抢；图书馆一到开馆，前十分钟，成百的同学挤在门口，门一开，蜂拥的挤进去，马上争先占座位；阅览室的必修书籍极少，门一开，潮水似的挤进去抢书，抢了座位的抢不了书，抢了书的抢不了座位，必须两人合作，才能收双臂之效。不过，女同学有时例外，因为许多保驾的早就替她们抢好了。听说挤抢的风气近年来已加改善。不然，平价米所发出的热量，是经不起几跑几挤几抢的。

战时的贡献

八年来的联大，经费虽然艰窘，教授虽然贫苦，学生虽然营养不足，但它对祖国，八年来血战的祖国，直接或间接，尽了应尽的使命。它，保存了学术自由的学风，如果中国成为崭新的民主国家，学术自由是可以促进民主的。当抗战以前，云南的教育水准，赶不上江浙湘诸省的。学生的程度那么浅，办学的人那么敷衍，它，在昆八载，和云南教育当局合办进修班，提高师资，且毕业同学一部分从事中学教育，使贫乏的中学注入新血液。特别在招考新生时，最初几年云南学生在联大的寥寥无几，设在云南的有历史的大学，云南籍学生那样少，这刺激了他们的急起直追。从这一层，联大对云南是有特殊贡献的。当滇西军事紧张，联大师生在人心浮动时，弦歌不绝，这对稳定后方是有影响的。当政府决定和英美交换教授时，联大的金龙荪、陈寅恪、朱汝华、罗莘田、陈序经、饶毓泰诸教授，曾先后出国讲学，这对于学术合作上多多少少有些力量。当军中需要翻译迫切时，联大首倡集体征调，这群有为的青年，出入枪林弹雨，瘴疠疟疾，和蚂蟥蚊虫酷暑阵雨搏斗，用精力生命增进印美军队的感情，加速战争的胜利。当昆明血库成立时，联大师友踊跃输血，缺乏营养的学生，造成了输血的最高记录，确为抗战中的佳话。他们为了政治新生，国家团结，用最高的热忱，致最大的关切，也尽了它最大力量。

离开昆明三年了，我怀念昆明，我怀念母校。它将自由的传统的学风，从战前转到战时，再转到战后，从北方的文化城展开到西南的山地；它在风雨飘零中，度过艰难的岁月，卒能发荣滋长。它行将成为历史上的名词，但它的精神永远长留。它所造就出来的，将持续它一贯的精神的人群，为真理奋斗，呵！母校，可爱的母校！

三十五年一月十九日于重庆

选自《申报》一九四六年一月廿五日、三十日及二月一日，又曾转载于《报报》一九四六年第一卷第六期

// 祝　词

西南联大南京校友会

　　集合了北大、清华、南开三校的自由、严谨与活泼精神，继承了从五四以来新中国青年的坚忍不屈爱民主爱真理的优良传统，母校从创始到结束的全部生命，恰与我们的民族抗战结成浑然一体。因此，在这母校第九次校庆，也就是三校复员联大解体后的第一次校庆的一天，我们南京校友愿把自己的一点心声，一点我们所永远矢志服膺的信念，以及一点对三校所共有的传统精神的忠忱和热爱，表示出来，敬献给我们的师长，同学，和一切的校友。

　　我们中间没有谁会忘记那四季都是春暖花开天高气爽的昆明。但我们尤不会忘记在那个城市中几年来我们的幸而不幸的遭遇，以及为痛苦与愉快所交织成的生活。在侵略者的铁青机翼掩没了昆明的晴空时，在一个炸弹紧跟着一个炸弹落在新校舍，落在师范学院，落在拓东路时，在大图书馆被炸倒塌时，浮现在母校空际的仍然是一片永不辍息的弦歌之声。物价的高压像一条黑色的虫，它吸吮我们师生心血，它抽取我们的骨髓，饥饿和贫困的浪潮在一天天浸蚀着我们的皮肉，可是没有一个人曾经抛弃了学人的节操，去向狰狞的现实低头。

我们中间曾经有多少人参加译员工作，渡过怒江，出没于阿萨密野人山的原始丛林中，也曾有多少人从自己臂膀里抽下一管管血送给前方的伤兵，做作人类最慷慨的施舍。但，真正永远铭刻于我们心上，回绕于我们脑际的，还是我们从平津带来如今又带回平津的学生运动。为民主，为真理，为了替长夜后的黎明催生，以母校为中心源流，我们展开了前赴后继屡挫弥坚的争战。年湮久远的愤怒，奇灿瑰丽的热情交织于我们的心胸，我们在重重的苦难中忍受煎迫，而又逐渐成长。

母校是受难祖国的一个象征，是在艰苦中孕育生长的祖国学术、思想界的一名尖兵。西南联大已经成了历史上的名称，历史不会忘记它，它的成千个校友也不会忘记去完成历史赋给它的使命的。

我们谨以最大的诚挚与热情，来恭祝母校的校庆，而且恭祝它的三个化身：北大，清华和南开的永远健康而进步。

选自《联友·校庆专刊》，国立西南联合大学南京校友会编印，一九四六年十一月印

// 纪念日话联大回忆当年

蒋梦麟

西南联大由三校合作了八年,有始有终。这是中国教育史上可纪念的一章。当初由胡适之,王雪艇,傅孟真三位先生,创议北大、清华、南开三校联合在长沙开办临时大学的时候,我摇头不赞成。我眼光短浅,有些害怕。说这三个历史和校风不同的学校,放在一起,我可办不了,我不去办,让年高德劭的张伯苓先生去办吧。我于是一溜烟跑到杭州去躲避了。我说一窝蜂里有三个蜂王,是不成的。必定要把多余的蜂王刺死,才不致分窝。我不待养蜂的来刺,我先自己刺死。我当时想,三个校长中,如有两个愿意放弃校权,这事就容易办些。

后来胡适之先生派了樊逵羽先生到浙江把我拉了出来。中国人终是中国人啊,情面难却四个字。

到了长沙,梅月涵先生已先我到了。后来张伯苓先生也来了一次。他对我说:"我把表交给你了。"这是运动会的术语。

评判员拿表计算时间，是运动场的主持人。我说别要把你老大哥的表撑破吧！

梅月涵先生胸中亦有把表交给我的意思，事事让让。他们两位校长都把表揣在我的衣兜里。我于是不得不把表暂时收起来，与同人们诚心合作，于十年前今日开了学。

后来从长沙迁到昆明，是我主张，经常务委员会通过的。通过之后，我就飞到汉口，请示政府当局，得其允诺。于是我就飞香港，乘船到海防，由滇越火车到昆明。同人中有乘火车前往的，也有乘粤汉路到香港，转安南到昆明的。同学有一部份走了七十天，还有一条狼犬，也与队伍同行。

觅房子，做校具，费了相当时间，多承地方当局和士绅们帮忙，终算草草办就。后来逐步建筑临时校舍，有茅屋，有洋铁皮屋顶，有瓦房，虽屡次被敌人炸毁，屡次修复。

校风非常好，图书馆老是坐满的。教职员们办事讲学，煞是认真。

三校的同人个性都很强，办事倒有点麻烦。三校合在一起，好像三个人穿了一条裤子，有时步伐不齐，走不动。月涵校长始终耐心合作，尤其是有时候喝几杯酒以后，从微微的笑容中慢慢的谈出笑话来，真幽默啊。种种烦恼事，便在默默中消散了。

我有一个偷懒的秘诀，凡人家可办的事，都全权交给人家办。有困难的时候，才挺身出来，负起责任。困难的事，到底有不了几桩。一年中当了一两桩，其余的时间就可安乐了，闲空的时候，就可以看看书，想想古今大事，白日里可以做梦。

凡我应办的事，我交给总务长，先是沈荊斋先生，后来是郑毅生先生。常务委员会有主席一人，我推梅月涵先生当第一任主席，以后每年轮流。等到轮流到我，我就恳求梅先生驾轻就熟，再连一任。月涵先生亦上了情面难却四个字的当。我一次一次的推宕下去。第一年不算，他一共当了七年的主席，真是偏劳得很。至今思之，感愧万分。

有一次，傅孟真先生骂我懒惰，不管事。我说："孟真，你那懂得，不管者所以管也。"后来我到了行政院，辞了北大校长职，傅先生代理新任校长胡适之先生的职务，到昆明去办事，才觉得我这话不无相当理由。我说："孟真，你是山东人，只知道有孔子。我们南方还有一位老子，他的道理深得很啊。"

最后，让我告诉大家。联大合作成功最大的秘密，是教员们求学做人，都有相当的标准。他们不敷衍了事，骗碗饭吃。他们都把学生当人，决不下流，把他们当兵自己当督军。大家是君子人，彼此有很多的批评，有时使人难受。但对于公事公办，决不用卑劣手段。呜呼，此联大之所以为联大欤？

选自《和平日报》一九四七年十一月一日"国立西南联合大学十周年校庆特刊"，联大南京校友会编

校庆感言

浦薛凤

本年十一月一日,为国立西南联合大学成立十周年纪念日。承校友会之嘱,略志数语,以资纪念。

溯自抗战开始,平津首告沦陷,国立各院校咸谋内迁,北大南开及清华三校奉命迁移后方。始在长沙合组临时大学。甫及半年,又移往昆明,改称国立西南联合大学。

三校师生辗转万里,继续教读,艰难困苦,不屈不挠,在吾教育史上留下不可磨灭之一页。即盟邦人士对于西南联大之坚苦卓绝,亦称道不置。故西南联大实为抗战时期之产品,富有历史意义。西南联大之光荣史亦即抗战建国之光荣史。

至于西南联大在教育上之成就及其属于国家之贡献,世人多有认识,无庸赘述。其最堪吾人回忆而自夸者,即三校之合作精神。北大南开及清华,各具其校风,各有其传统,亦即各有其个性,而能相处无间,一心一德共谋发展,全始全终,实最为难能而可贵者。此种合作精神，堪称为联大校风之特点。此种合作精神，即在今日三校已恢复独立之日，亦值得发扬光大。

再者，国立西南联合大学，本为北大南开清华三校之合成体，今者清华校友会认联大校友，亦即清华校友，欢迎参加，无分彼此。深信北大南开之校友会，亦必同此立场，是则联大校友可享有多重的校籍，此一特点，当亦为吾联大校友们引以为愉快者也。

选自《和平日报》一九四七年十一月一日"国立西南联合大学十周年校庆特刊"，联大南京校友会编

// 西南联大十周年纪念辞

陈雪屏

民国二十六年卢沟桥之变起，平津相继失陷，国立北京大学、清华大学、私立南开大学奉命迁湘，合组国立临时大学于长沙，于是年十一月一日正式上课，是为国立西南联合大学之前身。

嗣以京沪陷落，敌骑进窥武汉，长沙"临大"奉命迁滇。全校师生分队步行数千里，于二十七年四月陆续抵达昆明，嗣即奉命改名为国立西南联合大学，于二十七年五月四日开课。由是以迄抗战胜利奉命结束三校分别复员之日，其间整历八年。

此八年中西南联大与抗战共始终同艰苦，初则万里播迁，辗转湘滇，继而敌机炸轰，学舍被毁，终则缅越沦敌，滇边告警。当此之时滇中人心惶惶不可终日，而联大独能屹立于炮火危城之中，自由讲学不绝弦诵，人心赖以大定。及敌寇献降，国土重光，联大亦顺利结束，三校分返平津各复旧业。回想八年离乱，备备苦辛，其历史弥足珍念。

当国府西迁之日，若干学校虽多有联合设立者，然或为设备所限，或以人事不谐，或因战乱所迫，皆始合而终离，独西南联大与抗战共始终。夫以三校各有其悠久之历史，与特殊之校风，竟能和衷共济，合作无间，且能各贡所长冶为一炉，蔚为联大独特之校风，遂能陶镕一代之青年，树立自由之风尚，奠定其在学术界之光荣历史与地位。今联大历届毕业同学二千余人皆各本所学，服务社会，并均卓荦有以自立，其昔之所受于学校陶镕者转施于社会，直接间接所影响至巨。况三校经长期之合作，互相琢磨，其学风互有所补助！是则联大虽名已结束，而实则永存者也。

当兹联大十周年纪念之日，缅怀三校八年苦辛合作无间之精神，弥增国念如何发扬三校和衷共济之精神以克服今日艰危之局势，是则仍有待我校友之努力也。

选自《和平日报》一九四七年十一月一日

// 我怀念母校

陈刘笃

今年我们在南京庆祝母校的校庆,我们中间没有人会忘记在昆明时几年来我们幸而不幸的遭遇,以及为苦痛与愉快所交织成的生活。

虽然我们在那四季都是春暖花开天高气爽的城市里,虽然敌机不断的轰炸着我们的校舍,虽然物价高涨使我们只有青菜可吃,但是没有人愿向现实低头,没有人愿失学人的节操。相反的在阿萨密野人山的原始丛林中,你可以看见我们的同学在与盟军并肩作战。在血库的门前有我同学在作着慷慨的捐舍。更策动着全国的学生运动为民主为真理为祖国未来的幸福,奠定了多方面的基础。

"西南联大"集合了北大清华南开三校的自由、严谨与活泼精神,继承了从"五四"以来新中国青年的坚忍不屈爱民主爱真理的优良思想。由北方横渡黄河长江湘水带到大西南的后方,现在又带回到平津去。

虽然"西南联大"已成了历史上的名称,可是历史不会忘记"西南联大",而它的成千个校友也不会忘记去完成历史献给他的使命。

选自《和平日报》一九四七年十一月一日"国立西南联合大学十周年校庆特刊",联大南京校友会编

// 西南联大颂

郑　敏

你诞生在痛苦中,但是那时
我们抱有希望。正义填满了胸腔
你辞去,在疯狂的欢呼里,但是
自那时开始了更多的苦恼与不祥。

呵,白杨是你年青的手臂,曾这样
向无云的蓝天举起,仿佛对我们允诺
一个同样无云的明天,我们每一个都愿
参与,每一个都愿为它捐舍。

过去了,时间冲走一切幻想,
生活是贪饮的酒徒,急于喝干幼稚的欢快,
忍耐在岁月里也不会发现自己过剩,

我们唯有用成熟的勇敢抵抗历史的冷酷。

终于像种子,在成熟时必须脱离母体,
我们被轻轻弹入四周的泥土。
当每一个嫩芽在黑暗中挣扎着生长,
你是那唯一放射在我们记忆里的太阳!

  选自郑敏《诗集(一九四二——一九四七)》,文化生活出版社一九四九年四月初版。又载《和平日报》一九四七年十一月一日。